NATIONAL SECURITY AGENCY

NSA攻心术

——美国国家安全局的8堂攻心课

NATIONAL
SECURITY
AGENCY

FBI？只能看穿人心；

NSA——却能洞悉人性，攻入人心！

在美国，有一个比FBI更为机密、情报更为广泛的机构——NSA

罗斯 编著

台海出版社

图书在版编目(CIP)数据

NSA攻心术:美国国家安全局的8堂攻心课 / 罗斯编著.
--北京:台海出版社,2011.11

ISBN 978-7-80141-892-0

Ⅰ.①N… Ⅱ.①罗… Ⅲ.①心理交往-通俗读物②国家
安全机关-介绍-美国 Ⅳ.①C912.1-49②D771.235

中国版本图书馆CIP数据核字(2011)第208775号

NSA攻心术:美国国家安全局的8堂攻心课

编　　著:罗　斯

责任编辑:王　艳

装帧设计:天下书装　　　　版式设计:通联图文

责任校对:吴　康　　　　　责任印制:蔡　旭

出版发行:台海出版社

地　址:北京市景山东街20号, 邮政编码: 100009

电　话:010-64041652(发行,邮购)

传　真:010-84045799(总编室)

网　址:www.taimeng.org.cn/thcbs/defauit.htm

E-mail:th-cbs@163.com

经　销:全国各地新华书店

印　刷: 北京高岭印刷有限公司

本书如有破损、缺页、装订错误,请与本社联系调换

开　本:710×1000　1/16

字　数:170千字　　　　　印　张:16

版　次:2011年11月第1版　　印　次:2011年11月第1次印刷

书　号:ISBN 978-7-80141-892-0

定　价:29.80元

序 言

FBI只能看穿人心，NSA却能“攻入人心”

在美国，有一个比FBI更为机密、情报更为广泛的机构——NSA。

它的英文全称是National Security Agency，英文缩写NSA，中文简称美国国安局或者国安局。

它是美国政府机构中最大的情报部门，专门负责收集和分析外国通讯资料，隶属于美国国防部，是根据美国总统的命令成立的部门。

NSA的保密程度不可想象，我们很难获取有关它的更多信息，只能等待它的发言人公开发表信息，我们才能从中获知，因此资料有限。

但是，仅仅从这些“一鳞半爪”中，我们已经能“窥一斑而知全豹”——如今的NSA叱咤风云、呼风唤雨，它甚至参与Vista研发，构建监控全球的网络信息系统，成为国际情报界举足轻重的角色。FBI(美国中央情报局)在NSA面前也只能算是一个小角色，它的情报获取量只有NSA的1/6。

为什么要关注一个如此神秘又强大的部门，从中我们又可以学到什么？又为什么关注NSA要比FBI更有意义？

因为我们不仅仅要学会“读心”，更要学会“攻心”！换句话说，FBI只能看穿人心，NSA却能“攻入人心”。NSA就是通过对攻心术的有效应用，从而在美国甚至国际社会中创造出一个又一个传奇。

本书就是让读者在了解NSA的基础上，自动自发地跟我们一起去体会——“谋乎上者得乎中”。

如果一个人能以安全局工作人员的标准来要求自己、培训自己，那么他完全可以在生活中做到游刃有余，从容不迫。

目 录

CONTENTS

美国在一战时期的教训告诉我们——那种不懂得人情世故，不懂得看清楚形势的人，注定“被动就要挨打”。

可能很多人以为那只是课本上的历史，与自己无关，但激烈的商战与复杂的人际关系却一再告诉我们，攻心术——无处不在，想独善其身？不可能！

如果认真阅读本章，从安全局的招聘程序中，学会攻心的基本知识和技能，那么，你就可以避免被他人的表面说法蒙蔽，减少不必要的损失，你就能够在工作升职、团队管理、业务谈判、面试访谈……一系列纷繁复杂的事务中，尽可能掌握真相，你就能更好地掌控自己甚至引导对方！

第三课 从NSA与“克格勃”的较量——学习如何打败竞争对手 /74

撇开政治因素不谈,从政要们的博弈中,我们可以学到很多攻心术的要领,也可以明白,政要人物尚且有着“人性的弱点”,何况我们,所以,一时的失败算不了什么。NSA攻心术的优秀之处在于,它是一门长盛不衰的学问,只要坚持不懈,我们总是有机会赢得自己的胜利。

第四课 从“史上最强大的情报工厂”——学习攻心“36计”/101

美国安全局从“黑室”到“黑城市”期间所经历的风风雨雨,相信只有亲自参与其中的人们感受最为真切。而看客只能从其外在的规模窥见冰山一隅。

如今,国家安全局不仅拥有世界上最出色的数学家、密码学家等尖端人才,还拥有令人咋舌的现代计算机设备和监听工具。

正如国家安全局殚精竭虑地想探知整个世界的秘密一样,整个世界也想撩起这个神秘“工厂”的面纱。

其实,面纱背后的安全局并不“神秘”,很多人也并非长着三头六臂,这就像在生活中,我们看到很多人其貌不扬,才华也并非特别出众，但是他们却在某一领域获得了成功一样——原因就在于他们会“攻心”。

我们要学习的,并不是安全局的表象,而是它背后的种种攻心策略。正是有了这样的策略,美国国家安全局总部才能从一间不足25平米的背街斗室,发展成为一座新兴的城市!

我们在电影里都能看到，做特工的人往往打得一手好牌,而NSA的培训中,确实也有一项是专门训练打牌的,这是为什么呢?

引用一位外国作家在《扑克中的泄露》一书中说的几句

话——

“当一个人牌不好的时候,他会假装表现得盛气凌人,而如果他的牌确实很好,他就会想给人一种手气不好的感觉。不管是玩牌还是在现实生活中,当人们假装自己有自信的时候,他们往往是在隐藏自己的真实感受来假装自己有多自信。我们再一次举这个例子,当玩牌的人想虚张声势,假装表现地很有自信的时候,他会不假思索地加注(而当他有一手好牌时,他会犹豫片刻,假装自己在思考是否加注)。”

小小的扑克牌,可以用来读懂人心,里面的学问非常之广泛。同样,除了“扑克牌”之外,还有很多“道具”——如同我们想到特工就会想到抽烟、喝酒、打牌一样……生活中这样的“道具”不少,只要留心观察,大到衣食住行,小到弹烟灰的姿势,无一不可拿来识穿人心,看透世情!

在《别对我说谎》中，有一个罗尔沙赫氏测验，通常也被称作“墨迹测试”，利用的是两侧大致对称，然而模糊不清、模棱两可的墨迹图。

它的原理是：一个人对墨迹图的主观描述，会将其隐藏在潜意识中的欲望、需求、动机冲突等反映到刺激上。

NSA内部所用的攻心术与墨迹图的原理相同，但是由于NSA成员的隐蔽性，他们只采用口头形式——在生活中也是如此，这就是我们要学的操控与反操控技术。

为什么NSA的人员能“套”出别人的话来，从中获得情报信息？

究竟他们有什么魔力？难道他们都是上知天文下知地理的“万事通”？

诚然，进入安全局的人员必须受大量的专业训练，涉猎面是非常广泛的，但是，就像是医生所说的话，病人一定会相信一样，NSA的人员会利用人性的弱点，掌握人类的“通病”，运用语言攻略获取信息。

第八课 从“《黑室前传》”——学习如何不被情感蒙蔽眼睛 /216

美国情报之父——亚瑟曾打算出版《黑室前传》一书，书的首页上，告诉我们不要受一些“小道具”的影响——迷人的微笑、承诺、花言巧语以及那些意味着你要被操纵和被利用的礼物。后来因为种种原因，书被禁止，但是他的这句话却流传了下来。

第一课

从美国国家安全局前身

——学习如何成立企业“安全局”

在19世纪中期到20世纪初，世界范围内帝国主义最热衷的恐怕就是对一个东方大国的蚕食，这些侵略者之间时而称兄道弟，时而又撕破脸皮大打出手，原因不外乎“分赃不均”。

1904年，日本和沙皇俄国因为争夺中国的东北地区打起来了，这就是历史上记载的“日俄战争”。

在日本与俄国的较量中，俄国显然占据了上风。因为一名俄国无线电话务员监听到日本舰队的信号，他准确地推断出这是对方的海军炮火校射信号，随即利用其火花发射器进行干扰，因而揭开了电子战的开端。在这场被称为第一次世界大战的“彩排”的战争中，日本在进攻旅顺口时损失了5万名士兵，在围困奉天的10天中损失了7万兵力。

不论最终结局如何，日俄战争的惨烈程度可想而知。对此感受最深的除了两个当事国之外，还有远在太平洋西岸的美国，因为在不久后爆发的第一次世界大战中，一心想“独善其身”的他们最终未能如愿。

1917年，美国人不得不对其盟友负责任，从而难以避免地卷入欧洲冲突。

美国的教训告诉我们——人生活在一个社会中，是不可能“独善其身”的，每个人都是社会机器上的螺丝钉，那种不懂得人情世故，不懂得主动读懂人心、看清楚形势的人，注定“被动就要挨打”。

可能很多人以为那只是课本上的历史，与自己无关，只跟国家挂钩，但激烈的商战与复杂的人际关系却一再告诉我们，攻心术——无处不在，想独善其身？不可能！

美国国家安全局告诉你——人人需要“情报机构”

从安全局的前身到生活中的种种例子告诉我们，人人都需要“情报机构”！

成功的两大要素，就是攻心术+人才！而这两大要素里，显然“攻心术”是排在“人才”前面的！

1.“情报比导弹更重要”——企业要竞争先学攻心

美国人在经历了“9·11事件”后，深刻而沉痛反思的不是别的，而是——“情报比导弹更重要”。其实，这种说法指向一点，即竞争情报与经济利益是挂钩的。

看看身边大企业、大财团的做法，不难发现，若不是有丰厚回报，精明的商家是不会在“竞争情报”上花费这么多人力物力的。

现有的已经公开的资料表明，全球500强企业中，90%以上建立了较完善的竞争情报系统；20世纪末，全球竞争情报业的总产值达700亿美元；1997年，竞争情报对企业的贡献率，微软为17%、摩托罗拉为11%、IBM为9%、通用电气和惠普为7%、可口可乐和英特尔为5%。

欧元面市前夕，在欧洲的温州商人千方百计搜罗关于欧元纸币大小的资料，并根据获知的纸币规格设计了票夹进行攻心铺垫。欧元发行后，票夹立即跟着上市，果然大受欢迎。

……

当然，也有一些企业，一心只想着“独善其身”，以为做好技术方面的工作就可以了，没有及时去搜集信息，没有“入乡随俗”，导致了可悲的下场。

“百思买”就是其中一个——2006年高调进入中国的美国最大消费电子零售商“百思买”，2011年2月宣布关闭其在中国的全部门店及上海零售总部。

关于百思买的退出，大家众口一词——因为百思买未能“读懂人心”。

第一，百思买不懂“顾客的心”。它一直强调“顾客体验”，导购员身上标志性的蓝T恤，曾被视为中国家电零售业最佳服务的象征。但百思买其实根本没有“懂顾客的心”——毕竟，价格才是中国家电消费市场最核心的竞争优势。很多想体验百思买一流服务的顾客，去了以后很满意，但一问价格就直摇头！

第二，百思买不懂“渠道的心”。与国内其他家电卖场惯用的招租模式（或者叫类金融模式）不同，百思买买断各家电品牌的经营权，规规矩矩扮演一个零售商的角色。这种经营模式虽然减少了卖场与供货商之间的摩擦，避免了“进场费”问题，但成本却上来了。此外，家电供应商不需要派促销员，百思买统一聘请导购员，这又是一大笔开支。而最重要的是，高成本运营下，又赶上中国家电零售业的扩张黄金期已过，百思买的开店速度犹如蜗牛爬行。

第三，百思买不懂“成本的心”。它固步自封，没有意识到自己的弱势在哪里——它一心只想着“体验优势”，却忘记了，在门店数量不足的情况下，百思买的“体验消费优势”根本没法发挥出来；它一心只想着“买断经营权”，却忘记了，门店数量上不去，渠道资源掌控不足，百思买的话语权就小，和供货商的议价能力就低，就不可能拿到和国美、苏宁一样的优惠价。运营成本居高不下，拼价格肯定干不过其他几个家电巨头。

百思买的故事告诉我们：企业要想在竞争中立足于不败之地，必须要有一个"护身盾牌"——一个类似"情报机构"的体制！它是企业进行战略决策的依据，是企业成败的关键。

拿洋快餐巨头肯德基为例。

在市场反馈方面：肯德基需要及时搜集全球媒体对自身的正面或非正面的报道，以做出正确的判断及相应的处理；

在竞争方面：肯德基需要及时搜集竞争对手麦当劳、麦肯炸鸡的相关信息；

在合作伙伴方面：肯德基需要及时搜集同一个集团下的百事可乐、必胜客、达美乐、艾德熊的相关信息；

在行业方面：肯德基需要搜集可口可乐、雀巢咖啡的相关信息；

在产品方面：肯德基需要搜集墨西哥鸡肉卷、寒稻饭等具体产品的相关信息；

在政策法规方面：肯德基又需要搜集餐饮业以及快餐业的相关政策法规以及一些主管机构的动态。

……

企业之所以需要"情报"，不仅为了全面掌握竞争对手的发展态势和经营状况，更重要的是利用"竞争情报"改善企业的总体经营绩效，发现潜在机会和问题，提高自身生存乃至壮大的机会！

2."君子不阅他人信件"——个人要成功先学攻心

同样，我们生活在社会中，每一个成功的人，都必须学会攻心这一课。

美国安全局"情报之父"的成功和失败很好地说明了这一点。

被现代人誉为"美国密码之父"的赫伯特·亚德利，才华卓越，少年得志。正是他，提出了"世界上无密码不可破"的理论；正是他，一手创造了美国安全局的前身——“黑室”。但后来,却也是他亲自导致了“黑室”的衰落。

为什么呢?

首先,他不懂得“审时度势”。

一个人在相对弱小时，往往会对一些自己所不齿的小节持比较宽容的态度;但当他完全是一个强者时,就会开始严格地树立自己强者的形象,甚至以能作为道德的卫士而沾沾自喜。

美国就是这样。在战争年代里,无论是美国陆军部还是国务院,每个人都在急切地等待着新破译的密码电报给他们带来的消息。但是,华盛顿会议结束后,美国享受着盼望已久的和平生活。人们似乎将截获他国电报以及破译密码看成了一件极其不光彩的事情，这种情绪不仅流露于普通美国民众的脸上,连美国政府、军方也是这样的态度。

其次,他不懂得“上司的心”。

在美国和平年代,举国上下一片欢腾的时候,亨利 ·刘易斯 ·史汀生当上了国务卿。显然,对于这个未打过交道的上司,亚德利还没有想到更好的与其相处的方式，所以他首先吩咐驻国务院的联络员在最初几个月内不要把存在该机构一事透露给新国务卿。他的如意算盘是,不管史汀生在就职前抱着什么样的美好愿望，几个月下来也会被现实所冲淡。

直到1929年5月份,亚德利才敢把新近破译的几封日本电报的译文呈报给史汀生。不料,史汀生大发雷霆,气得几乎当场就要抓起烟灰缸砸人,同时撂下了那句著名的话:“君子不读他人之信！”结果,他给“黑室”定了性:“一个完全非法的机构,并且立即要取缔！”

最终,还是负责军事情报工作的助理参谋长去和史汀生说情,才使得亚德利等人没有立即被扫地出门,而且还获得了3个月的预支工资作为补偿。但是,在1929年10月最后一天的午夜,“黑室”正式关门,就像开张时一样,关门也是悄悄地进行的。

“黑室”的光荣和亚德利的才华有着莫大的关系,但黑室的衰落和他"不懂人心"同样有着很大的关系。虽然在破译密码方面他的才华几乎无人能及，但是在揣度人的心理，尤其是上司的心理方面，他显然不能被称为"高手"。

那个年代已经过去，但是，在如今，像这样不懂得人心而导致失败的例子不胜枚举。

假如，你是一个循规蹈矩的人，你的原则是事事处处按法律法规和规矩制度来办事。你能坚持住这个原则吗？

在目前这样的社会背景下，独守这条原则，也许你什么事也办不了，办不成。为什么？因为你逃不掉"关系"二字。

在这样一个处处以"关系"为本的社会，你能不"攻心"吗？

上将约翰·潘兴告诉你
——学好攻心，"可以避免不必要的损失"

历史上，当美国这样的强国难以避免被卷入欧洲冲突时，它的陆军在许多方面还需要迎头赶上。

美国陆军在1917年可能只希望可以避免在法国战场上的伤亡，这个目的因几个幸运的因素而得以达成。促使其成功的是世纪之交时作战部长艾利胡·卢特制定的改革；从1911年到1916年在墨西哥边境开展的动员演习；美国想要努力赶超英法部队中专业的军事结构的愿望以及约翰·潘兴及其参谋和战地指挥官的领导。

当时美国陆军的一个难题是，缺少把各个作战指挥层紧密联系在一起的情报机构。潘兴写道："在我们参加战争之前，欧洲的经验显示，军事行动只有在获得完整、可靠的敌人情报时，才能够在没有不必要的损失的基础上获得成功。"

潘兴一针见血地说出了“攻心学”的目的——避免“不必要的损失”。当然，今日的我们并不会涉及到军事领域，但是生活中或生意场上任何一种损失、任何一种能源消耗，其实有90%是可以避免的，只要你学会“攻心”。

1.小烧饼有大道理——攻入“顾客的需求”

常言道，做生意就是拼谁的“码头”好。同样的生意，在不同的地段，生意的好坏可能相差十几倍甚至几十倍。肯德基和麦当劳的负责人说，他们成功的经验之一就是选择了最合适的地方做快餐。可相似的地点、相似的生意，有的人定位精准挣到了钱，有的只能混碗饭吃，这又是为什么呢？

老谭是铁路职工，因身体不好长期跟车做乘务员有点吃不消，只好赋闲在家。铁路局火车站有很多门面招租，实行内部竞标。总的来说，价格比对外的价格优惠。

老谭也去了解了一下情况，基本上这些门面都是用来做行李寄存处、小超市和小饭店的。老谭也有几个以前的同事在承包店面，总的来说还没有谁赔钱，只是个辛苦操心的活，每天都得有人守着。挣的钱比上班多一些，一年下来除了成本费用，能有8万~10万元的收入。

老谭心想自己的身体现在跑车受不了，守店应该还是没有问题的，不过是每天拖的时间长一点，每年的收入虽说不是很高，但比上班还是要强一些。同时，万一自己不想干，还可私下再转包给铁路系统以外的人，赚点小差价。于是，老谭参加了竞标。老谭的家底有限，面积大、位置很好的门面，竞争的人多，价格也高，拿不下来。最后，老谭只拿到一个位置相对不是很好的店面，是在公交车进站那个地段，并非火车站进出站口的黄金位置。店面的面积也只有10平方米。虽说是这样，老谭还是很高兴，终于找到一个力所能及又能改善家里生活条件的谋生手段了。

老谭没有做生意的经验，不知从何下手，于是请来自己长年做生意的朋友马林帮忙把关策划。

马林对老谭的事很热心，专门抽了一周的时间，进行了多方面的情报收集与调查，最后建议老谭开一家阿郎烧饼店。

老谭有点不明白，怎么马林就看中了这个生意呢？马林笑呵呵地解释道："做生意看起来很复杂，有很多的门道和花样，但最本质的东西，就是解决顾客的需求。只要将顾客的需求分析透了，你的服务又做到位了，生意就做成了。具体到你的这个店，我们来分析一下，火车站的店面都是为上下车的乘客服务的，没有什么居民到这边来消费吧？"老谭笑着说："这是当然了，火车站边的东西比其他的地方要贵好多，谁会没事跑到火车站来购物呢。"

马林接着说："乘客的需求一般就是解决一些基本的出差生活要求，谁会期待在火车站能品尝当地的特色美食呢，所以火车站边上的饭店主打的都是快餐、盒饭、包子、点心等，对吧？"老谭说："这是自然了，没有人期待能在火车站吃到当地名厨做的名菜。"

马林看老谭一直在点头，也就没有停顿。接着说："你也看到火车站边上只适合做三四种生意，这由这个地方的特色所决定，什么样的地方只能做什么生意。而你的店面离进出站口远了一点，做行李寄存处，做不过那些离进出站口近的店，乘客不会拖着行李舍近求远，同时你的店面面积相对小，存不下多少东西。如果做小超市也不合适，一方面还是面积太小，乘客一般怕小店欺客，卖的东西价高，质量上也没有保证；另一方面你的店面离进站口有点远，乘客大包小包提着行李当然希望购物越近越好，可以少提几步路。那么你只剩下开饮食店这个选择了。我又调查了一下，火车站边上的饮食店生意一般化，所以才建议你开有点特色的烧饼店。"

老谭听了马林的长篇大论，心里暗暗佩服，马林分析问题还真是一套一套的。这时马林卖了个关子，停下来不说了，反过头来问老谭："那你知道为什么我没有建议你开个包子店、面馆或者快餐盒饭店呢？"老谭想了一下说:“是不是你看到现在火车站边上相同的这些店面有很多了,担心我没有特色,生意做不起来,所以让我做个别人没有的,人无我有嘛。”马林笑了笑,说:“你这个理由也不错,只不过这不是最核心的问题,没有看到问题的本质。就算火车站边上没有包子店,我也会建议你开烧饼店。”

老谭这时有点不明白了,马林谈兴渐浓,接着说,“我们还是回到刚说的对顾客本质需求的分析上,乘客在火车站吃饭是为了解决最基本的温饱问题,那么他们需要的是价格不贵、能充饥、方便不耽误时间、口味上也还能过得去的食物对吧?”老谭听到这不由地插嘴说道:“哥,你说的都有道理,难怪大家都是开这几类的饮食店,不过,你说的这几个要素,包子店、面馆、快餐盒饭店也都有啊。”

马林看了老谭一眼,说:“是的,很多人都看到了上面几个要素,所以大家才做这几类的生意。但做生意有个短板理论,它是说生意就像一个圆木桶,木桶由很多块木板组成,生意的好坏就如桶里能装多少水。而桶里能装多少水,并不在于其他的木板能有多长,而在于木桶最短的那块木板有多长。我刚才的话还没有说完,你来分析一下,为什么现在这些饮食店都挣不到多少钱呢?”

老谭这下子可真的回答不出了,心想我要是也能找到他们不挣钱的原因,做起生意来也有板有眼了。马林看到老谭发呆的样子,不禁笑了笑,接着说:“这块短板就是卫生,火车站边上的洋快餐因为有统一的卫生监控体系,所以人们不担心会出卫生方面的问题,可以放心地去食用。而一些火车站附近的小店给人留下的印象并不好,万一在出差过程中吃坏肚子怎么办?谁还会千里迢迢地赶过来打官司?火车站边上的店做的都是过路客的生意,没有去想怎么招回头客,服务质量本来就要差一些。所以乘客对小饭店多数不太放心,能不在火车站边上吃就不吃,只有扛不住了,才勉强对付一下,这样的生意怎么会好呢?这就是火车站附近的小饭店生意总不能火、挣不到多少钱的原因。包子的馅是什么做的?面粉有没有变质?做快餐用的是不是地沟油?每个人在吃饭时抱着这些疑问，互相不信任，怎么会有好的生意呢？”

老谭听了马林的一番话，半天说不上话来，平时自己也有这种感觉，只是没有像马林一样分析得这么到位。他挠挠头说道：“哥，按你这么说，我的生意就做不成了？我绝对注意自己的产品卫生，保证让所有的人吃了都不闹肚子，你看行不行？”

马林叹了口气，说道：“这不是我们现在要讨论的重点，以后国家在卫生饮食方面抓得更严了，谁家做的食品不卫生，罚他个倾家荡产，这样才能让大家在任何地方都能吃到放心的食物，那么以后这个行业的短板也就不存在了。现在能解决这个短板的就是洋快餐和几个大的中式快餐的连锁店。对于小店来说没有更多可行的方法，因为你的顾客大多数一辈子只能在你的店里消费一两次，你根本没有机会在短时间内让他们对你建立信任。对于小店来说，销售出的产品是几元或者十元、二十元的食物，怎么能有更多的资金投入来建立品牌呢？”

马林话锋一转，说：开阿郎烧饼店，原材料很简单，制作也很方便，乘客可以看到你现做现卖，在卫生方面让他们放心很多，将这块短板补上了不少。

“同时口味也大众化，很多人能接受。价格也不贵，每张饼才2元钱，一般人吃两张饼就差不多了，在制作时间上也快，不需要顾客等。对于赶时间的乘客来说，他还可以边拿在手里吃，边去赶车，很方便。并且这个品牌在全国很多地方都有加盟店，很多人都吃过，所以看到你的这个招牌，就知道你的产品是个什么样的口味和价位，省去了他们选择时的不确定性。对你来说，还有几个好处，你以前没有开过饮食店，如果开其他的店你不好一下子入门，饮食店的管理也是门学问，而且你手艺上也跟不上。如果加盟他们这个品牌，他们可以对你培训，你学会这个手艺也不难。尤其这个投资也很小，对于你来说没有资金上的压力。”

经过马林这样麻雀解剖般的情报分析，老谭想清楚很多事，以前只是看到生意表面上的一些东西，谁知背后还有这么多的门道。老谭的店在一个月后终于开张了，学成回来后的老谭，带着两个小工，穿着整齐雪白的厨师服，每天在店门口搭起的透明玻璃工作间里不停地忙碌，每个操作都能让乘客看得清清楚楚，大大减少了乘客对卫生方面的担心。老谭的店一天下来能卖出上千张烧饼，周围比他位置好、店面大的其他饮食店每月的盈利比他少好几倍。老谭也慢慢学会了怎么做生意，他把矿泉水、饮料、杯装的豆浆、绿豆粥和阿郎烧饼搭配起来一起卖，生意越做越火。

专家提醒：

1. 要解决问题，首先要收集齐相关的情报资料，并将资料进行详细地分析，找出主要矛盾、次要矛盾，分别制订解决方案，加以实施。

2. 找出主要矛盾和根本原因并不是那么容易，人们常常会把目光停留在很多表面的矛盾上，最后不能很好地解决问题。如我们很多的老板一谈到竞争对手时，总是从价格、服务、促销政策上进行对比，这些方面当然是需要对比的，这些数据也都很有参考价值。

3. 如果只是在这些方面进行简单地比较，就会限制自己，在价格上拼，利润会降低；在服务上比，成本会提高；在促销政策上比，会影响到整个产品线是否能持续发展。这个时候是不是应该静下心来找找最本质的问题到底在哪？如何才能将手上的情报和资源合理地整合利用起来呢？

2.大市场有大目标——攻入"别人想不到的地方"

现在，我国有很多地理标志的农副产品，借助当地特有的种植、养殖技术和加工条件，在市场上深受欢迎。例如，湖南的浏阳鞭炮、西湖的龙井茶、阳澄湖的大闸蟹等，都因为拥有国家地理标志产品头衔，使品牌更响亮、市场更大。共享这个品牌的当地人，也都尝到了甜头。可也有些地方的名优产品没有申请到国家的地理标志，还有些地方因为管理不到位、品质上没有监控，将原来的名牌做烂了，最后不得不改行或者退出市场。那么，在没有规范管理的情况下，是不是只能随波逐流，等做不下去了，再一起改行呢？

小K的家乡盛产黑木耳，大大小小的黑木耳加工贸易类企业有几百家，在全国黑木耳市场占了30%左右的份额，很多人都通过这个产品发家致富了。于是，做这行的人就越来越多，反正这行技术含量不高，又都是当地人，都有自己的收购和加工渠道。

小K刚开始做黑木耳生意的时候，每年能批发5万公斤，每公斤干黑木耳批发还有2元的利润，到后来每公斤的利润压到0.4元，批发量每年也只增长到6万公斤。这个生意都快没有办法做下去了。于是有的人开始从成本上下工夫，将一些发霉、变质、腐烂的黑木耳用墨汁或者其他材料浸染后添加糖、淀粉，再经过硫酸铜、硫酸镁、卤水、尿素、明矾、氨水等有害物质的处理，掺到正常的黑木耳中。这样操作成本当然下来了，每公斤能挣2元左右，比小K的利润高得多。更有甚者在黑木耳中加入水泥，增加黑木耳的重量。

小K正常的黑木耳生意被这些假冒伪劣产品挤得经营不下去了。小K也知道这些造假的方法，可他不愿昧着良心做这事，这些东西都是要入口的，人吃了是要生病的，长期食用无异于慢性自杀。但小K不跟着这么做，生意又做不下去。小K也曾劝过周围做黑心木耳的同行："这么做迟早要将我们的黑木耳品牌搞垮的，到时大家都没有饭吃。"可周围的人也很无奈地说："你现在不做，现在就得垮。你不做别人还是一样在做，反正这个品牌也会垮，为什么我不在这个时候赚一把呢？到时也好有资金去干点别的。这个品牌如果是我一个人的，我肯定爱护。可是，现在大家都这么做，我就算是做真货，也没有谁信，到时还是要一起垮掉。"他们都笑小K太书生气，净想些没有用的事。

小K有个从小玩到大的同学小H。小H出国留学，之后在香港工作。小K和小H一直保持着联系，自己有些为难的事也常和小H谈谈，听一下他的意见。

一天，小H给小K打电话，感觉到小K闷闷不乐，关切地询问。小K将自己面临的困境和小H谈了谈。小H和小K是老乡，对这件事的来龙去脉也很清楚。虽说小H现在回家乡的时间不多，他心里还是很挂念家乡的发展，对这事也考虑了很久。听到小K这么为难，就将自己这一段想到的和小K聊一聊。

小H说："这个事也没有什么可痛苦的，因为这不是你能改变的事，当人不能改变世界时，不妨先改变一下自己，让自己先适应世界，最后再想法子改变世界。"小K马上一句话就给驳了回去："你也知道照这么发展下去，这个产业迟早要垮，到时大家都没有饭吃。而要挣黑心钱，我会一辈子良心不安。"

小H明白小K的个性，略停了一下，让小K的心情平静一点，接着说："我并不主张你也去做黑心木耳，我只是说，我们更多的是要考虑在这种情况下，你自己怎么生存和发展？当这个行业垮了后，你是否还能再发展。你现在的能力太小，想有作为也难。"

小K叹了口气说："我也是这么想的，'穷则独善其身，达则兼济天下'，先管好自己的事吧。不过，倾巢之下安有完卵？"小H劝道："办法总是有的，我们一起好好分析一下，肯定能找到有用的办法。首先我们来看，现在表面上的现象是真货生存不下去，假货反而能盈利，为了价格更便宜，东西越做越假。但商业交易的实质规律是什么？绝对都是品牌制胜。现在只是没有人维护这个品牌，大家都在消费这个品牌。反过头来想，你如果现在做个优质的品牌，将质量搞上去，所谓危机就能迎刃而解。"

小K还是提不起精神，说："道理是这样的，可怎么做呢？"

小H接着说："既然我们对这个事情的本质认识一致，剩下的就是找到具体的方法了。我看我们家乡的黑木耳现在要收购到品质优良的并不难，只要价格出得合理。其他的人都在做掺了假的散装黑木耳，你用真货、好货，别人还是不会给你好货的价格。倒不如在这个领域和他们竞争做一种新包装，是不是会好一些？"小K说："这事我也想过，我只是换个包装,没有多大的作用,别人也可以印些塑料袋包装一下,区别不明显。"

小H笑了笑说:"我前几天在香港的超市里看到一种新的黑木耳产品,生产工艺和包装形式都不错,正想跟你说呢。用这种方式,肯定会和现在家乡其他的产品形式区别开来。我还观察了一下,这种黑木耳产品在香港的超市卖得不错,很受欢迎。"小K一听就来了兴趣,连忙催问道:"到底是什么样的形式啊?"

小H听到小K的干劲上来了,接着说:"其实也简单,就是选择优质的黑木耳,通过真空压制变成一个个压缩饼干大小的标准化包装,用塑料袋密封好,一个家庭一次用一包泡发足够做一盘菜,十包用一个纸盒包装。这样,产品的档次一下子提高了,价格也可以卖到很贵。现在家乡其他人做的散装黑木耳主要销往全国的农贸市场,你如果做这种,可面向全国的超市销售。"

小K说:"好是好,不过以后家乡黑木耳的牌子倒了,大家都认为我们这个地方出产的黑木耳都是假货,我还是要跟着一块倒霉,'城门失火,殃及池鱼'啊。"小H想了想说:"这样吧,你来香港注册一家公司,再为你的产品注册商标,将你所有的产品都标明是香港公司监制,和家乡其他的产品区别开来。"

小K听到这里,好像突然间发现了"新大陆",连连催促小H赶紧给自己寄几盒样品回来研究一下,并委托小H去了解生产这种黑木耳的工艺、设备。

小K经过半年的研究和市场考察,终于在家乡成立了新型黑木耳加工厂。新产品刚开始推出时,采购商们并不怎么感兴趣,因为小K的黑木耳批发价比一般散装、掺了假的高出很多,他们只是顺便带一点样品回去尝试一下。小K工厂的销售主要靠小H在香港帮忙联系一些单子。全国超市的销售渠道也慢慢地找人打开。小K的黑木耳批发利润现在达到每斤10元,走的是高端路线。而黑心木耳每斤利润降到0.3元,因为大家都做假货,他们之间还要打价格战。久而久之,做假货便无利可图。

正当做黑心木耳的都挣不到钱的时候，南方一家知名的报社针对黑心木耳作了专题报道，引起全国人民的关注，退货的退货，拒收的拒收。往日人来人往的市场一下子门可罗雀。当地政府也十分重视，收缴了大量的黑心木耳进行销毁，并对相关人员进行处罚。当初几百家黑木耳企业倒的倒，转的转，只剩下三十多家，几乎所有的造假企业都元气大伤。

小K的工厂却因为坚持生产优质黑木耳而备受关注。首先，很多以前的采购商找不到更多的货源，开始尝试和小K做起了生意，产品的销售量一下子就增长不少。另外，当地政府不能看着黑木耳这个产业真的垮下去，这会影响当地的财政收入，为了挽回当地黑木耳的品牌形象，当地政府在媒体上大力宣传小K的产品品质如何优良，表明当地并不是没有真货。小K的产品借着政府的宣传，品牌的知名度自然提升不少。后来，当地政府又提供了相当多的资金和实施优惠政策，鼓励小K扩大再生产，让小K的企业作为当地的龙头企业带动整个产业的复苏和发展。

专家提醒：

1.很多时候，企业都要经受诱惑。有的时候，有些事看起来像个很香、很甜的赚钱机会，但实际上可能是个陷阱。短期的利益当然重要，但作为企业，必须要有长期的规划与精确的情报。因为短期的利益丢失长期的增益，企业永远不可能发展壮大。有的企业决策者并不是有意去做一些违法、违规的事，只是没有找到合适的方法，为了生存只得随波逐流，最后还将企业带到危险的境地。

2.商品经济最核心的原则是公平交易。只要认真掌握了竞争对手的情报，确立市场的大目标，必能立于不败之地。虽说道理很简单，可越是简单的道理，越是接近事物的本质。我们可以看到，在毒奶粉事件中，我国有很多家奶粉企业受损。有些大的企业虽扛过来了，但也脱了一层皮；而那些小的企业，就只剩下关停或者转产的结局了。

3.小激励有大效果——攻入团队的“心”

一家企业的经理人接受了一次培训，回到公司后，他让员工每人每周提出一个建议，每月至少拿出一项创新成果。

然而，激情过后，收效甚微。

于是，经理人认为员工工作没有创造性，不尽心、不积极。真的是这样吗？员工在背地里抱怨——

“空有口号和要求，却根本不知道该如何进行创新。”

“工资都发不上来，还创新。”

“我有什么好处？为什么要我做这样的事情？”

“我给的意见再好，经理也不会夸奖我，只说我可以再做。”

……

这个例子说明，不是经理人的激励没效果，而是没有攻入员工的“心”，没有学会“对症下药。”

杜绝“个人英雄主义”破坏团队精神

领导者在领导团队时，一定要先了解每一个人的缺点，缺点改善之后再研究每一个人的优点，才会有办法了解自己的团队该用什么样的方法用什么样的攻心术去获胜。

比如在足球场上，穿行运动场的11名球员如果不能相互信任，等于在交战之前就已经挂出了白旗。

2002年世界杯中，西班牙队的自取灭亡，就很好地证明了团队合作的重要性。

虽然西班牙队拥有豪华的明星阵容，但是因为球员之间无形的激烈竞争，累积了相互的不信任，甚至是嫉妒，没能形成正常的团队协作，结果不幸被淘汰了。这无疑证明了现代足球的大趋势——明星球员开始贬值，靠团队的力量才能夺冠。

神奇教练希丁克非常清楚，给球员们造就相互信任的环境，是球队获胜的关键。他在训练时反复强调要“团队合作”，而且一再指出在组织中，团队绝对比个人优先。要警惕伤害团队协作的个人技术”。

他曾经对个人技术好的队员几次警告道：“太过自信往往会踢起个人足球，会使团队打法与全体战术崩溃。你需要再冷静一下！”

为了加强团队合作，希丁克拟定了以下几条攻心战术：

1.特别警惕媒体只关注特定的某个球员。如果媒体只把注意力集中在部分明星球员时，他就会对新闻官下达类似的严令：“到世界杯前让国家队23名球员，全部都能登上报纸和广播。已经接受过一次采访的球员，以后就不能进行正式的采访了。”

2.足球协会要发鼓励奖金时，希丁克就要求：“给球员和教职队员发同样的数目。”从这也可看出，他重视团队协作的哲学。过去“鼓励奖金”的惯例是只发给主教练和教职队员。

3.国家队不是只靠几名明星组成的球队。希丁克一贯信奉的成功哲学是“23名球员是一个整体”。为了在比赛中获胜，确实是需要明星，但是如果团队力量因明星而瓦解，就根本不可能胜利。

4.在世界杯取得胜利时，希丁克从不对某位球员进行表扬。他只会说：“今天能取得胜利是所有球员相互合作的结果。”或是“我们队的优点是，不管上场比赛的队员或是没上场的队员，都在相互协助和支持。”或是“我自始至终称赞以勇猛斗志进行战斗的全队同伴。不管有没有上场进行比赛，所有的球员都是最棒的！”

现代经营管理由系统和团队合作来运行。公司运行时间越长，规模越庞大，就越不能依靠某个人的判断行事。

投资专家分析一家企业值不值得投资，是根据它的组织与战略、团队与合作、系统与制度来决定的。

一个团队及企业的能量，不是由某个拥有出色能力的个人决定的，而是依靠某种肉眼看不到，现实存在的无形能量，把一群人集合在一起。我们称这种齐心协力相互支撑的人群为“团队”。

“团队”就是一群有互补技能，为了一个共同的目标，相互支持的群体。

企业的团队管理与足球队训练也是一样的。

企业主管要认识到：团队合作能将个人技术转换为团队技术。被训练过的团队成员能把团队引领到新的水平，并把这个水平高度变为行为标准。

三星和LG等大企业为了锻造企业的“团队精神”，不惜巨额投资“团队训练培训课”。

三星集团的“营销能力培训”和“极限挑战训练”

三星集团持续20年，对全员随时进行“营销能力培训”和“极限挑战训练”。

“营销能力培训”是培训新员工怎样进入空白区域直接销售三星产品的方法和技能。

在培训中，新员工组成团队，在现场与消费者碰面，从他们那里直接听取对公司产品和形象的意见和建议……通过这样的活动，三星人将学会如何运用团队的力量顺利完成销售，从而认识到团队协作的重要性。

“极限挑战训练”是指在夜间进行分组爬山。整个爬山的过程中，他们需解决每组路线中的难题，才可转去其它路线。需解决的问题都只能通过团队合作来完成……经“魔鬼般训练”的三星人，仿佛会在一夜间建立起团队之间相互信任和友好合作的关系。

LG集团的“百尺竿头更进一步”

LG集团“百尺竿头更进一步”的团队合作培训项目，持续开展了十多年。

在项目中，小组成员一天内解决10~20个课题，要求队员一起商量，尽快列出课题的优先顺序或解决方法，这对于协调团队合作的效率有很大帮助！LG相关人员介绍此项目时非常自豪地说：“该项目包含了通过团队协作取得成果的LG文化基础”，而且“只要是LG人，都有自己的经典话题和美好回忆！”

“团队精神”意味着能让团队中的每一个成员，像汽车的四个轮子中的其中一个一样都能同心协力地向着同一个目标前进，优秀的主管就是能够把团队目标变成自己目标的能带领团队一齐向前跑的“人才”——这才是真正的人才！

专家提醒：

1.明确指引：指引每位员工取得成果的方法，而不是硬性设定每一步应该怎么做。给予员工信赖感和自由度，增强员工的自信心。

2.倾听员工心声和意见：美国通用电气公司认为，员工对自己的工作，比老板清楚得多，于是在韦尔奇接任行政总裁后，便推行“全员决策”的制度，使中、下层员工，都有机会出席公司的决策会议。

3.针对岗位特性选才：挑选人才的主要考虑因素，是针对每个工作岗位的特性，让具潜力的员工担任，以提升工作满意度。

4.及时赞扬：在员工做出成绩时，应及时赞扬，让员工觉得，公司懂得欣赏他，并以此而骄傲，这有助减低员工流失率。

5.营造良好工作环境：不同部门的员工能协同合作，也能推动业绩。不妨营造能增进员工融合的工作环境。

6.关切员工成长：真心关切员工的成长，不怕员工的能力会超越自己。当员工发现有其他公司适合长期发展时，要大方地协助他们另谋他职。

7.提供信息和工具：尽量提供员工所需的信息和工具，并协助其取得所需的技能。

8.跟进事业发展：帮助员工区分“天性的长处”和“从学习得来的技能和知识”，提供灵活的调配，安排员工尝试新职位的机会。

9.鼓励员工记录自己工作的进展，定期与员工进行个人事业发展评估。了解不同员工对进修的看法，提供员工增值的渠道，让员工觉得在公司有发展的空间，以提升员工对公司的忠诚度。

将军丹尼斯·诺兰告诉你
——如何成立企业的“安全局”？

在《欲望都市》这部电影中，处处充满了令人感动和记忆深刻的场景。就在圣诞夜即将来临之时，画面中响起了那首名为《美好昔日》(《Auld Lang Syne》)的苏格兰民谣。

这首《Auld Lang Syne》是新年夜大家怀念旧友、互相祝福时唱的歌曲，象征送走旧年而迎接新年的来临。

1936年的美国，一位64岁的老人正在享受着这首脍炙人口的乐曲。不同的是现在它更有意义，因为这是由美国第16步兵团的乐队演奏的，在这首乐曲的伴奏下，美国军中正在为这位老人举办一次庆祝他服役40年的荣誉酒会。

他是谁呢？怎么能享受到美国军方如此高规格的礼遇？

他就是美国情报史上举足轻重的人物——丹尼斯·诺兰。

诺兰不仅设计和建立了美国陆军的情报机构，而且使其长盛不衰。不过，诺兰更令人尊敬的地方还在于，他从来不把这些成绩据为己有，而是时刻提醒自己，这些功劳都是他的职员和情报机构的所有成员流畅运作的结果。

诺兰的故事告诉我们，企业要在竞争中立于不败之地，就必须把“情报搜集”和“攻心”当成一项企业文化来运作——也就是说，每个企业都要有自己的“安全局”，需要员工“人人参与”！

1.为什么要把“攻心术”做成企业文化？

国内在这方面做得比较成功的是红桃K集团。无论是从它“借鸡生蛋的资本原始积累，低成本扩张的早期发展模式”、“农村包围城市的市场切入点选择”、“三大战役式的广告轰炸销售模式”与那套风格迥异的CI识别系统，还是1997年便未雨绸缪建立的“企业末日管理研究中心”与“日清日结、周清周报、日新月异”的基本管理制度，其中无不渗入了沈阳飞龙、济南三株、广州太阳神、珠海巨人、江苏小天鹅与海尔集团等众多知名企业成功模式与经验教训的影子。

第一个问题：有什么作用？

情报搜集往往可以在以下几个方面起到明显的作用：

1、在宏观环境、行业的领域为企业面临的机遇与风险提供早期预警。

如柯达公司的战略就是防止涨价并在全行业进行垄断性收购，其情报人员的工作重点就是向决策层提供新技术、竞争对手营销策略及被收购方处境、意图与底价方面的情报。

2、收集先进的技术与经营管理上的成功模式、策略，为己方提供学习与借鉴的范本。

之所以红桃K集团在这个“各领风骚没几年”的保健品行业里一直长盛不衰，至今仍能保持十几个亿的销售额，其中很关键的一点就在于它从上到下不但注重学习其它企业成败的经验教训，而且也确实建立了一套反应灵敏、分布广泛，在一定情况下能深入目标企业内部获得各种一手宝贵情报信息的竞争性情报网络。

3、为企业决策层的重大战略决策提供情报支持。

如为企业是否要进入一个新地区、新行业，开发新产品、新技术提供诸如市场容量、目标消费群细分、消费习惯、法律、政策环境、金融、税收待遇条件、技术经济可行性分析之类的基本数据、资料。这方面由于一些专业咨询策划公司（如麦肯锡、罗兰贝格等）已经形成了一整套完整的程序与方法，在此就不再赘述。

4、为公司有关部门提供准确及时的战术情报支持。

以营销部门为例，竞争性情报部门若能在谈判之前搞到竞争对手与客户交易的价格底牌与重点关系人，能了解到客户方谈判班子的组成及其各成员的相互关系，对于自己公司营销部门在谈判与签订定单时能心中有数地控制局面将是决定性的。

5、锁定主要竞争对手,发现其弱点与不足,为公司决策层与相关部门制定有针对性的进攻策略提供有效的情报支持。

大凡比较成功的企业都有其核心能力，也就自然有作为其薄弱环节的“最短木块”。这个“最短木块”既可以在生产研发部门,也可以在营销、服务领域,还可以是目标企业的某些蓄意违法违规的环节,竞争性情报部门所要做的就是:想方设法去发现竞争对手的这些弱点与漏洞,或向公司决策层提供相应情报,或直接向政府职能部门反映,向新闻媒体与公众批露。像此类工作若组织得成功的话,对竞争对手的打击往往是致命的。

第二个问题:做什么和怎么做?

说起收集情报，人们脑海里首先浮现的就是一个个带墨镜的商业间谍的形象。

其实不然，在一般的情报工作中是很少需要采用这种在法律边沿打“擦边球”又往往费力而不讨好的手段的,更多采用的是下面一些渠道与方法:

(一)通过公开资料收集:现代社会是一个信息开放的社会,有很多有价值的信息实际上在诸如行业年鉴、技术报告、专利文献、政府出版物、报纸杂志、互联网上都找得到,只不过需要熟悉这类情报源及有关检索方法的人士才能在这类浩若烟海的信息里及时地找到相关的有用信息。

(二)通过与竞争对手有关联的机构、人员进行侧面收集:有关的咨询策划公司、会计师事务所、上下游关联企业,包括一些新闻媒体都是相当有效的情报源。只是在利用这些渠道进行情报收集时,应注意不要超越法律与关联人员职业道德的限度,以免发生不愉快的事情。

(三)通过实地观察与访谈进行收集:对于某些企业与某些情报而

言，直接到实地进行观察并对有关人员进行访谈，也不失是一种直接而有效的收集方式。只是这类方式一般无法接触到太实质性的问题，另外对情报人员组织访谈的素质与技巧亦有一定要求。

（四）通过建立全员调查制度，广泛开展人际网络收集：这种方法的核心是在向全体员工灌输情报收集意识、情报辨别常识的前提下，切实抓好各类收集来的情报的综合与分析工作，并对有功人员及时作出各种奖励。实践证明，一个蓬勃向上的企业的员工也往往有高度的自觉性为企业收集各种有用的情报信息。这里面的关键是企业管理层要重视并保护员工的这种热情，并使这些情报得到充分的综合利用，否则，这种热情与制度都是难以持久的。

（五）加工、分析与整理：各种资料刚收集回来时往往是真假相间、杂乱无章的，这样一种原材料或半成品若直接提交给情报需求人员和部门只会浪费他们的时间。为此，就有必要对这些“原始的情报”进行分类、加工与整理，形成成品报告后再作提交。

其过程主要有三个步骤：

1、分类：分类一是为整理、检索的方便，故而应设定一些主题词；第二，分类更是为了使用的方便，因此应按照情报需求者的要求，根据不同的产品、不同的竞争对手、不同的情报层级（战略情报与战术情报）、不同的领域（生产技术类、营销模式策略类、人物资料类）、不同的信息类型（数据型的、事实性的、文献或图像类的），对原始情报分门别类地加以整理储存。

2、验证核实与文字上的修订：这个过程实际上就是毛泽东曾说过的“去伪存真，去粗取精”的过程。

3、进一步整理，形成报告。

2.“窃听风云”——企业对外搜集“竞争情报”的几大策略

人们可能会有一些片面认识，觉得“情报搜集”通常要采取一些特殊手段。其实不然，在当今信息爆炸的时代，多数信息渠道都是公开的。

所谓企业“情报人员”，并不像好莱坞大片中的商业间谍那样，使用偷盗、窃听、跟踪、收买等非法手段获取情报。

通常，他们的策略和手段更合法、更公开，而多数国内企业防范意识不足，使企业核心商业机密不知不觉间便已“外泄”。

1)“死资料”，活起来

国外实践经验表明，企业想获得的竞争情报95%可通过合法、符合道德规范的途径获取，其中约八成的信息就潜藏在企业内部，雇员与外界的联系等都是重要的信息来源。

公开的信息源主要包括：报刊、杂志、研究报告等文字资料；产品实物、宣传资料等；员工及招聘广告、选拔标准等；互联网及数据库等。可见，信息不难到手，关键在于分析和研究一定得到位。

有业内人士称，日本能在二战后迅速崛起，很大程度上得益于对竞争情报的重视以及深入独到的分析。日本行业协会每年会根据需要派出近万人次“间谍”，这些人以各种身份出现在世界各地，见什么拍什么，就是面对一张报纸甚至一份广告，也会端详研究。

据说当年，就是凭王进喜一幅以大庆油田为背景的照片，国外分析推算出了大庆油田的具体位置、出油量等重要情报。而我国的古老工艺如景泰蓝、宣纸、豆腐的制作流程，也是被到厂里参观的国外人士通过照片、文字资料“偷师”的。

当年，国人恐怕做梦也没想到，宣传照片竟帮助“敌人”成功获取了情报。我们不必忿忿不平，这样的无孔不入，善于把“死”资料变成“活”情报着实令人钦佩，值得借鉴。身边看似再平常不过的东西，很有可能意义非凡。

2)造盾应矛,反竞争情报——

有部分跨国公司以与本公司毫不相干的名称成立一些小贸易公司,去和某一个领域的竞争对手搞合作、搞联营,故意让对手在生意上占点便宜,联络感情。通过这种方式,他们将竞争对手的情况摸得一清二楚。

这样挖空心思的做法并不鲜见。外国参观者特意穿上柔软、橡胶底的鞋子去航天工厂,让鞋底更容易沾上车间内特殊航天金属的碎屑;绍兴某酒厂接待某国外参观团,参观团成员在每个酒缸前都要鞠一下躬,后来当他们开始生产竞争产品时,酒厂才恍然大悟,他们用领带沾酒回去分析出了秘方!

这似乎是西方企业的惯用做法。福特汽车公司的情报机构专门编制了一本名为《共享知识》的小册子,发给那些准备参观其它工厂的企业员工,告诉他们福特期望从此次访问中获得什么知识和情报。

3)与人交流获取"活资料"

美国中央情报局官员詹姆·赫灵上世纪80年代退役后,组建了美国历史上第一个商业情报系统。他认为,"竞争情报人员感兴趣的是同许许多多各种各样的人建立友好关系","来自于人的情报胜于机器情报"。

北京南区某公园是退休老人中旅游爱好者的自发聚集地。除了喝茶、晨练,大家最喜欢聊天,话题不外乎:国内哪些景点适合老年人旅游;自费前往和参加旅行社在经济上相差几多;老年人外出旅游最希望得到哪些帮助等等。个别竞争意识较强的旅行社得知这一信息后,立即派人前去与老人闲聊,获得的信息使该旅行社设计的线路、提供的服务正合老年人的胃口,赢得了青睐。

城市的每个角落里散落着形形色色的沙龙,这里面蕴藏了巨大的商机,就看企业家有没有一双慧眼,有没有用心学好与人交流这一课。

3."反情报外泄"——企业对内如何扎紧"篱笆"?

既然已经认识到了"攻心"的作用,那么在对外搜集情报的同时,对内我们也要有自己的"安全系统"。堵塞漏洞、保护情报对于企业来讲将成为重中之重。

(1)物理保护

企业经常运用的物理防范措施和保护手段,通常包括安全围墙、狗、保险门、安全门、保险箱、保安、防御性情报调查系统(DIS)以及监视器等。由于这些活动经常需要额外的工作任务和人员,所以可以指派给安全部门或者授权给信息技术(IT)部门。

(2)日常管理保护

日常管理保护包括员工保密意识的培训、公开资料的管理、垃圾废品的处置以及与"第三方"的交往等。

(一)员工保密意识的培训

由于许多泄密事件都是因为企业部分员工保密的意识淡薄所致,所以员工安全意识的项目建设显得格外重要。要达到的目的不仅仅是让从事竞争情报工作的人员具有安全意识,而且还要让各个阶层的员工认识到公司信息的价值以及管理信息的重要性。为此,可以从以下方式入手:

(1)优化数据信息。让员工们知道一些信息并不是在除了工作环境之外其他任何场合都可以议论的,比如产品开发设计、价格表、研发方案等。

(2)使用标记系统。采用颜色代码标记识别系统将会阻止很多泄密情况的发生,并且可以在建筑物内部标注"仅内部员工须知"的区域。

(3)与员工签订合同与保密协议。这可以确保企业的所有员工不泄露任何敏感信息。雇佣方通常有一个很不好的习惯,即试图从新员工那里获取更多关于其以前受雇企业的信息。应该把不泄密协议和政策明确写进企业的手册中,以避免泄密情况发生。

(4)"餐厅"方式。餐厅往往通过使用各种彩色的信息标识卡片来诱惑你的胃口。企业也可以放置相同的"信息服务",在信息容易传播的地点,如会议室、食堂以及图片复印室等,以此作为对员工保密意识的提醒与培养。

(5)警惕周围各种细节。如果与会者将敏感的数据通过纸条、谈话或黑板留在了会议室里将会受责备;如果电话会议设备以及麦克风没有被仔细检查过,就只能针对普通听众播发一些理论内容了。

(二)公开资料的管理

在对公开资料的管理中,应该主要从以下方面入手:

(1)限制具有战略性的关键内部出版物的发放,并且仅仅发放给员工;

(2)在办公楼内、在安全敏感区域,进行粘贴告示或登记区域的划分;

(3)提高对卖主、签约人、销售团队、主管人员以及员工的等级划分,区别对待不同项目的敏感程度及其他的媒体形式;

(4)在公开刊物出版前,需要出版界、新闻界上交一份记载个人特征信息的复印件,或者上交一份免费的复印件给公司;

(5)要求员工去了解公司和做个人调查,并且要求调查者完成最终产品的复制;

(6) 在公开出版之前,回顾所有准备在出版物上发表的文章的细节。

(三)垃圾废品的处置

在对垃圾废品的管理中,应该主要从以下方面入手:

(1)建立机密体系。对所有的媒介建立一个机密体系,不仅仅是严格的文件划分,还要将其中的信息处理至没有一点可以引起怀疑的地步。

(2)为丢弃的机密制定程序或扔弃步骤。确保机密已经成为碎片或者已经彻底烧毁,并且对已经销毁的机密材料建立一套跟踪档案。

(3)建立复印和传真的调查记录,或者对所有的复印和传真图片加以限制。

(4)与商业中心保持一定距离。如果可能的话,不要从外部或者给外部传送机密传真或者复印机密文书。这有可能由于人为的错误或者职业竞争情报人员在公共场所透视信息而招来意想不到的后果。

(5)检查办公室设备。所有的打印机、计算机和传真机等生产机密信息的装置,不应该被放置在文档堆里或普通的工作环境中。

(6)毁掉副本或复写纸。如果印刷机和传真机使用胶片或复写纸,经过职业训练的竞争情报从业者是可以从这些有痕迹的胶片或复写纸上读出相关信息的。所以在被销毁之前,一定要彻底粉碎那些易读的媒介物。

(四)与第三方的交往

第三方常常是企业供应链上的合作伙伴,然而,他们却常常成为重要的信息外流处。因此,加强对同第三方交往的管理是必要。具体做法如下:

(1)了解你的"舞伴"。检查一下供应商和生产合作伙伴与其他竞争对手有多少业务来往,搞清楚你的合作伙伴与其他卖主以及竞争者的重要程度,并且衡量一下,如果你打破了这种合作关系后,你的所有权的价值程度。

(2)在你的"客人"面前要保护所有的数据信息。除非有明确的需要,否则一定要保护好你的信息。如果信息被公开或者遗失在被划分为公共场合的地点,在法律中这是不再受到保护的。

(3)设计和限定协议。在管理制度中建立一个适当而合法的界限,力争做到确保一切都合乎法律和伦理道德。强调所有人知道文件、机密协议和竞争契约都属于合法的,并且为企业及其他团体之间划分出明确的界线。

(3)技术保护

从技术上保护企业信息安全指的是提高技术的先进性，以保护企业信息安全。

这里所谓的技术保护，主要是指应用各种软件保护网络信息，即采取各种软件对企业网上的信息加以保护。

网络是一把双刃剑，网络安全问题也同样令人担忧。不仅本企业公开网页是对方经常造访之地，竞争对手还有可能通过非法手段侵入本企业内部网址，调取数据库资料，修改数据，盗用银行帐号，等等。

番外：NSA“黑室”——美国密码之父的光荣与落寞

在这个世界上，即使你的能力通天，如果碰不到合适的舞台，也只能仰头望“天”兴叹。在20世纪20年代美国的情报界就有这样一个人，他就是被现代人誉为“美国密码之父”的赫伯特·亚德利。

“没有条件，创造条件也要上”

在那个还不知互联网是何物的年代，要想快速出名是比较难的。亚德利深知这一点，于是他头顶“神童”的光环，乘着父亲供职的铁路公司的列车出发了，他要去华盛顿，因为沃辛顿这个小镇已经承载不了他的梦想。那么，他的梦想是什么呢？可能在当时连他自己也说不清楚，不过他十分肯定要用自己的实际行动来告诉所有人答案。结果是，列车停靠在了华盛顿市联邦车站，他的梦想如同美利坚民族即将成为世界上首屈一指的强国而冉冉升起。在到达华盛顿后不久，他顺利进入了国务院，并且担任机要员兼报务员，年薪900美元。他的梦想变成了现实。在他听来，桌上电键滴滴答答的敲击声就是创造历史的声音。

一个小镇青年怀着忐忑的心情在华盛顿安稳下来，并且一举进入了国家的核心机关供职。照理来说，能否干好本职工作是他最大的忐忑，然而亚德利并没有这样想，他的目标明确，且对自己的未来十分自信。他所担心的是，当时的美国在破解密码方面已经远远落后于其他国家，因为据他所知，其他国家雇用了一些破译员去解开外国密码电报之谜。“那么，美国为什么不这样干呢？”他暗自忖度着。在他终于肯定地给出答案的时候，他已经知道，这就是自己一直想要追求的梦想。并且他将把它作为终生追求的目标，他将为编密技术贡献自己的一生。

然而，他在国务院公干的日子似乎有点平淡，因为并没有机会让他接触到真正的密码破译工作。不过，亚德利绝对不允许自己平庸，他总能找到一个施展自己才华的机会。正如中国“铁人”曾经说的：“没有条件，创造条件也要上。”

终于，1916年5月的一个夜晚，随着纽约电报局与白宫间的电报线路开始工作，亚德利的机会也来了。通常，国务院机要员们的工作就是把来自纽约的电报通过密码室的设备发向白宫，对于内容是什么大家都不会关心，主要是这些电文都是加密的，而且凭借他们的能力是无法破译的。不过，亚德利却不这么认为，他把一份发给威尔逊总统的500字的电报抄了下来。他也知道，但凡给总统本人的电报，那一定是经过严格编码和保密的，所以破译难度一定很大。

对亚德利而言，这封不同寻常的电报正是他期待已久的“战利品”。结果连亚德利自己都感到惊异，他竟在不到两小时的时间内完全破译了这份电报。他本来一直对美国密码怀有敬意，而此时却让他改变了自己的看法。因为这封由总统顾问豪斯拍给威尔逊的电报是途经英格兰的海底电缆传过来的。这意味着，一贯以破译电报密码著称的英国皇家海军密码局也能轻而易举地截获并破译它，也就是说美国的国家机密对于英国人来说就是“公开活动”。

面对这种局面，亚德利思考再三后，埋头伏笔一年终于写出了一篇论述美国编密技术可悲现状的论文，在文中他直接指出美国密码极易被破译的事实。尤其是当战争阴影开始出现的时候，亚德利把这篇题为《译解美国外交密码》的文章呈给上司戴维·萨蒙。萨蒙看这篇文章时的神情说明了一切，他一言未发，眉头紧锁，表情相当凝重。最后，萨蒙问亚德利:“你确定英国密码专家一定能够破解美国的密码吗?”

“我一向认为,某个人能办到的事情,别人也能办到。”亚德利不假思索地答道。这让萨蒙陷入了沉思,他还是有点怀疑这个20多岁的年轻人,他宁愿相信这是这个年轻人想出风头的轻率行为。不过,既然有人质疑了,就要证实一下。一个月之后,萨蒙把一些用全新的密码编写的电报交给了亚德利,心里暗自想他一定破译不了。几个星期以后,亚德利把译解出来的电报放到萨蒙的办公桌上。这对于萨蒙来说,无异于当头一棒,他终于承认了“无码不可破”的事实。

此时,一战正在欧洲大陆进行得如火如荼,不久后美德关系正式破裂,“山姆大叔”终于拿起武器对德国人开火了。对于亚德利来说,他需要的是一个更大的平台,让他的才华得以展现。于是,他从相对安稳的国防部调离,申请转到了美国陆军部。1917年6月27日,他终于如愿以偿地穿上了军装,并被任命为陆军上尉,掌管了军事情报处第八科(简称MI8),该科负责制订所有的密本和密表。

至此,亚德利终于由一名截获总统电报的“黑客”成为情报人员,开始名正言顺地为总统及美国陆军编码和破译截获的情报。

险些“流产”,终于“诞生”

第一次世界大战的炮声终于在同盟国各国内部的动荡中落幕,以德国为首的各同盟国纷纷向协约国集团求和,至此一战结束。多年后,人们对一战的评价是,历史上破坏性最强的战争之一。当时以亚德利为首的军事情报第八科在美国参战过程中做出了非常杰出的贡献, 然而当战争谢幕后,似乎大家很快就把这些都忘掉了,以至于有传言说军方已经决定要解散这一组织。

当亚德利乘船从巴黎返回美国时,他的神情是忧郁的,因为他似乎已经意识到了这一传言并非空穴来风, 因为美国国内各方面的确在讨论是否要将其撤销的问题。不过,亚德利的顶头上司、美国军事情报处处长马尔巴勒·丘吉尔将军向陆军参谋长提出了要永久性保留第八科的建议，并且责成亚德利提交一份在和平时期保留这一机构的可行性报告。

这无疑是一个好的讯息，也是唯一的转机。于是亚德利很快就将一份保留MI8并把它改为和平时期的机构的报告递呈到上司案头，之后丘吉尔将军将这份报告呈送陆军参谋长。报告送上去的第二天，就得到了代理国务卿弗兰克·L·波尔克的批准。1919年5月20日，陆军参谋长佩顿·C·马奇将军的签名墨迹未干，美国的“黑室”就诞生了。为了保密，同时也由于国务院认为依照法律这笔预算不能在哥伦比亚特区内使用，亚德利把“黑室”设在纽约市。

未来的美国国家安全局雏形已经在一栋民房中生根，并且一开始就被披上了一层神秘的面纱。因为它的保密工作做得实在是太出色了，以至于他的每位新雇员一到，很快就会收到一份备忘录，上面列有许多保密规定，并且介绍了“黑室”的掩护身份：“不得对别人说出工作单位和工作性质，但也不要显得神秘万分，可以说自己受雇于陆军部翻译部门。”

除了掩护身份之外，“黑室”还有一个为了保密而使用的通信地址——纽约中央大火车站第354号信箱，一切通信均使用这个地址。远不止如此，为了进一步掩盖真实的工作性质，亚德利在大楼的第一层开办了一家企业，叫做“电报编制公司”。如果有人闯进了大门，会看到这是一家合法公司。这家公司确实编制了一种商用电码——“通用商业电码”，并且通过出售这种电码牟利。

可以说，亚德利的个人事业达到了一个新的高度。

被遗忘的和被拷问的

几年前，因为所能截获的电报数量有限，所以情报主要是来源于无线电通信的侦收站，通信部队给了他们巨大的支持，他们不遗余力地监听德军的作战通信。即使在美国本土，通信兵也会沿南部边界派驻“流动牵引车”部队，侦收墨西哥的某些电信。现在情况完全变了，不仅截获的电报几近于零,而且通信兵对他们的支持也完全中断了,于是密码破译工作越来越艰难。

1926年全年,“黑室”只收到11份日本电报,而且都是截收来的无线电报。这些电报使用了几种不同的密码,而且电报的数量太少,所以“黑室”的工作人员很难找出一点破译的头绪来。到了1927年情况虽然稍有改观,收到400多份电报,破译了其中的150份,但是大多数情报的价值都很小。鉴于这种情况,政府对“黑室”的态度骤然改变,在预算方面的缩减尤其突出。

俗话说“巧妇难为无米之炊”,作为“黑室”当家人的亚德利在千方百计控制开支无望的情况下,不得不开始裁员。半数以上的工作人员被解雇,曾经辉煌一时的美国“黑室”被裁切得七零八落,整个破译队伍只剩下7个人。

1929年3月4日,赫伯特·胡佛宣誓成为美国第31任总统,亨利·刘易斯·史汀生当上了国务卿。在揣度人的心理,尤其是上司的心理方面,亚德利显示出了不太精明的一面。史汀生甚至给“黑室”定了性——一个完全非法的机构,并且立即要取缔。

“黑室”此时几乎全靠国务院支持,经费一停,就意味着即刻完蛋。亚德利一向以为自己所从事的是极其伟大,对国家民族有积极意义的工作,却突然被扣上了“不道德”的帽子,他不仅想不通,而且还很伤心。

1929年10月份最后一天的午夜,“黑室”正式关门。

第二课

从美国国家安全局招聘

——学习如何"测人心"

看过《潜伏》的人都知道，特工工作需要极强的心理素质。几乎可以这样说，除了专业的技能外，过硬的心理素质是安全局工作人员的必要条件。

安全局，首先是一个与心理学息息相关的机构，安全局的特工也首先是心理学精英。从他们的招聘程序就可以看出来。

有人曾说过这样一段话："你在坐到理发椅上请理发师给你刮脸之前，首先必须通过长达好几个月的严格审查，被绑在测谎器上接受测验，领取一份接触某一范围内的绝密信号情报的许可证，并且要在许多表格上签字画押，保证只字不提这座城中城内的居民及其职业……"

这段话很好地概括了美国国家安全局在招聘人员时的基本程序，只不过，这话显然是带有一点调侃的味道。事实上，凡是经历过这套程序的人都知道其实并没有这么轻松。

如果认真阅读本章，从美国国家安全局的招聘程序中，学会攻心的基本知识和技能，那么，你就可以避免被他人的表面说法蒙蔽，减少不必要的损失，你就能够在工作升职、团队管理、业务谈判、面试访谈……一系列纷繁复杂的事务中，尽可能掌握真相；你就能更好地掌控自己甚至引导对方！

毛骨悚然的“测谎仪”——它的原理是“微反应”

在那些窄小封闭的办公室里，木纹桌面上摆着新型的计算机控制的测谎仪，测谎仪与监视器相连，监视器以多种形式显示出被测人员的各项生理反应。呼吸、皮肤电反应、脉搏率、脉搏幅、血管流量、毛细管流量、血管压、毛细管压，以及呼吸描记器、电流描记器、心脏脉搏描记器、体积描记器、心脏活动监视器等各种测谎仪器记录下来的生理变化情况……

测谎测试至今仍然是整个招聘程序中最为重要的一部分。它的原理在理论上叫做“微反应”，是每个人在遇到有效刺激的一刹那产生的瞬间反应。微反应是个人内心想法的真实呈现，是了解一个人内心真实想法的最准确线索。

虽然我们不可能拥有类似美国国家安全局那样精密的测谎仪，但是，只要掌握了“微反应”的原理并灵活运用，一样可以达到事半功倍的效果。

1.微反应凭什么用来“测谎”？

“微反应”的全称，是“心理应激微反应”。

微反应从人类本能出发，不受思想的控制，无法掩饰，也不能伪装。再能“装”的人，遇到有效刺激之后的第一瞬间也会出现微反应，他的“装”只能出现在微反应之后。因此，掌握了微反应，也就掌握了把握人心的“攻心术”,可以令你在恋爱交友、工作升职、团队管理、业务谈判、面试访谈等人际关系的各个领域大获全胜,能够从根上助你认清谎言,撕破假面,还原真相,打造属于你的防欺骗保护伞,进而看透他人,掌控局面。

随着美国电视剧《别对我说谎》的迅速普及,“Micro-expressions”一词已被很多国人所熟知。这个词并不是电视剧生造出来的,在美国保罗·埃克曼教授的若干著作,如《情绪的解析》、《说谎》等书中就已得到广泛应用。埃克曼教授确实用它来指面部微表情(时间非常短的或不充分的面部表情),用于判断被测试人的真实情绪,可用于测谎。

但是,通过查词典可知,“expression”一词的中文意思不仅仅指表情,而是涵盖了表达、表现、词句等多种意义。而分析一个人的真实心理状态,也不应当仅仅限于面部表情,而应当通过观察并分析表情、肢体动作、语言意义等被测试人的表现,才能全面判断。因此,我们在这里使用的“Micro-expressions”一词,不仅仅限于面部的微表情,此处的“expression”一词更适合于翻译为“表现”。

问:表现就不能是故意的吗?凭什么用来判断心理状态,甚至还能用来测谎?

研究表明,大部分人体的动作表现都是可以进行主观控制的,当然也有极少数例外(如瞳孔)。但是,因为人的动物性,在受到刺激的时候所作出的第一反应(各种表现)却不太容易作假。在刺激有效的情况下,被测试人的最初瞬间反应绝大多数都是不受思维控制的,真实可靠。当然,这些反应很快就都被控制和修正了,且动作幅度很小,这也是为什么我们只着重研究微小瞬间反应的原因。

因此,要想让被测试人表现出真实的心理状态,需要一个前提条件,即有效的刺激。鉴于针对“有效刺激”的研究与针对“表现”的研究同等重要,我们最终决定用“反应”一词来涵盖“刺激—表现”这个完整的过程,并把全部的内容提炼成一个词,中文叫做“微反应”,英文叫做“Micro-expressions”。

严格来讲，“微反应”是个广义的“大词”，包括三个方面的内容：

一是大家耳熟能详的“微表情”，属于“面孔微反应”；

二是除了表情以外的，其他能够映射心理状态的身体动作，也就是常说的“小动作”，可以别扭地称为“微动作”，属于“身体微反应”；

三是语言信息本身，包括使用的词汇、语法以及声音特征，称为“微语义”，属于“语言微反应”。

但同时，“微反应”通常在汉语语境下，又会让人直接联想到身体的动作反应，即前面列举的第二个方面的内容“微动作”。所以，“微反应”从这个角度讲，也可以作为一个狭义的“小词”，以便更贴近普通人的理解。

问：人具有哪些微反应呢？能大概分类吗？

了解了各种微反应，就能够在具体的情境下对他人的情绪和心理作出准确的判断。而准确把握了他人的心理，也就可以相应采取最有效的攻心计策。

当然，微反应是一种“微妙”的东西，需要根据实际情况分析判断。但是，人类具有的基本的八种微反应还是可以给出一个相对系统性的结论。

冻结反应——是人在受到意外刺激时的第一反应。突如其来的刺激，会让人瞬间出现短暂的停顿，用来看清状况，判断对策。如果在一个问题后，对方出现瞬间的行为停滞，说明这个问题让对方感到意外。意外的刺激是打破对方心理防线的有效手段。

安慰反应——是人受到负面刺激（批评、压力、否定等）后可能出现的反应。安慰反应在说谎的时候尤其常见且明显，因为说谎是迫于某种压力而进行的行为。如果对话的情境可以确定存在某种压力，那么安慰反应可以映射出此人当时的内心状态——不舒适。

逃离反应——是人感受到厌恶或恐惧的时候会产生的反应。如果面对的刺激具有威胁性（可能伤害到自己），而自己又没有改变局面的信心，则会出现逃离反应。远古时代的逃离是跑，现代社会的逃离则多数比较隐晦。出现逃离反应，可以判断出行为人内心对刺激源所持的负面心态——厌恶或恐惧。

仰视反应——是对自己能力高低、地位差异、胜败预测、优劣定位进行判断后的反应。进化积累的本能，使得人会仰视比自己高大的对象，蔑视比自己矮小的对象；反之，人也会本能地尽量抬高自己的身体以期建立优势，也会在认怂的时候，把自己的身体放低。所以，观察一个人的体态高低，可以判断其内心的自我定位。

爱恨反应——是人际之间心理距离的两个极端——爱和恨所主导产生的反应。爱的时候会希望对方也能爱，会担心对方不爱；恨的时候会主动拉开距离，咬牙切齿地质问"为什么不爱我"，还会做出更疯狂的举动。身体间的距离，可以体现出人和人之间的心理距离，人的某些行为也可以体现出其内心的喜爱与厌恶。

领地反应——是人在自己的"领地"中所表现出来的领导风范。自己的地盘里，人会表现得放松、自在、威严，还可以丝毫不费力地指挥。如果有人敢于挑战自己的领地范围，则会引起强烈的警觉和反击。观察人的姿态和动作，可以判断出其内心是否具有安全感，而挑战对方心中设定的领地范围，可以激起强烈的愤怒，这些可以帮助建立心理测试中的有效刺激。

战斗反应——是愤怒的最强体现。引发愤怒和战斗的原因，无论多么具体，都可以归结为生存和繁衍中遇到的威胁，比如"同行是冤家"可以溯源到对生存的威胁，"冲冠一怒为红颜"则可以溯源到对繁衍的威胁。一旦战斗反应出现，除了可以逆推出愤怒情绪之外，还可以预见到"不会轻易放弃"的行为趋势。

胜败反应——是战斗结束之后的表现。胜利的人趾高气昂，失败的人垂头丧气。如果经过战斗之后，观察到被测试人的胜败反应，则可以用来分析此人心态，还可以用来预测事情未来的走向。

TIPS：

1.单肩抖动——不自信。

2.注视对方眼睛——撒谎中(为了看看自己的把戏是否得逞)。

3.中断眼神交流——不代表撒谎(回忆中)。

4.回答时生硬的重复问题——典型谎言。

5.抬起下巴——十分尴尬。

6.揉鼻子——掩饰真相(男人鼻子里的海绵体在撒谎时容易痒)。

7.惊讶表情超过一秒就是假惊讶。

8.男人右肩微耸一下就是在说假话。

9.当不能倒着将事情回忆一遍,那么事情肯定是编造的。

10.看见喜欢的东西瞳孔放大,看到不喜欢的东西瞳孔缩小。

11.用手抚额头——表示羞愧。

12.瞳孔放大——恐惧,愤怒,性欲。

13.话语重复声音上扬——撒谎。

14.肢体阻抗向后退一步,表示刚说的话不可信。

15.抿嘴是经典的模棱两可的动作。

16.使自己安心说谎的时候会摸脖子。

17.纵火与强奸本质是相同的,都属于宣扬自己的力量。

18.撒谎的时候没有与之相对应的表情,往往没有任何表情。

19.在学校越受欢迎的学生越会撒谎。

20.当你不相信自己在说什么的时候,就会摩挲自己的双手来使自己安心。

21.当真正的凶手看到被害者照片的时候,会表现出恶心、轻蔑甚至是害怕,但绝对不会是吃惊。

22.要是有人将要实施血腥的罪行,就会出现这样的表情:眉毛朝下皱紧,上眼睑扬起,眼周绷紧。

23.亮出中指(fuck的手势),这是象征性的含有特定意识的下意识手势,充满敌意。

24.鼻孔外翻,嘴唇紧闭、生气。

25.下巴扬起,嘴角下垂、自责。

26.眉毛向上,拉紧、恐惧。

27.如果先突然大声说话,然后再用手猛拍桌子,这是对可怕事情反应的手势时间差。如果是真的发火,这两个动作会同时进行。

28.提高右边的眉毛,表示很疑惑。

29.嘴唇左边向上撩起——假笑。脸部74%的真实感受往往会在右脸暴露。

30.真笑时眼周会有细纹。

31. 极度的恐惧产生时, 所有的血液都会从手集中到脚上准备逃跑,手会变凉。

32.在回忆事情时,双眼会同时向一侧摆动。

33.瘪嘴角——经典的犯错误表情,表明对自己的话没有信心。

34.人们撒谎时会摸脖子,这是经典的机械反应。

35.下巴用力抬起——在生气、愤怒。

2.坐立行走中,隐晦的“微反应刺激”

要测谎,首先要去“刺激”他。

一说到刺激,我们就会想到:在桌子的另一边,被测试人员坐在一把高大的、衬垫厚实的老板转椅上,手指连着电极,胸前绑着橡皮管,上臂绑着臃肿的血压计的橡皮囊袖带……其实,在日常生活中,没有这些仪器的物理刺激,人也是能受到外界“刺激”的,不过比较隐晦罢了,需要我们耐心地观察破解。

呼吸控制

一位同事有一次负责筹办会议，因为诸事繁杂，居然忘记了派车接某位重要领导莅临会场。还好对方很大度，没有计较，最终会议也很顺利。不过此事还是搞得自家领导很恼火，晚上在庆功宴的时候，便批评了那位同事几句。虽然只是轻描淡写的几句话，但这位同事因自觉惭愧，还是收敛了刚才还热热闹闹的心情，凝神静气地低头听着领导的话。

而在几句话之间的间隔沉默期，屋里的每个人都不自觉地屏住了呼吸，生怕随后会有暴风骤雨的来临。好在领导点到为止，命令大家重新斟酒，屋中凝结的空气才又被喧闹打破。

请注意，为什么感觉空气犹如凝结了一般？这种最常见的修辞语法来自每个人的细微呼吸——俗话说的“大气都不敢喘”。这就是经典的反应。

吃惊的时候本能反应是快速吸一口气，留着备用。但感受到恐惧的时候，尤其是迫于客观条件不能逃跑、不能反抗的时候（比如现代社会的规则、礼仪等），则会出现屏住呼吸或者减弱呼吸的反应。

其实，这种轻微呼吸的远古本质是隐藏，是为了不引起猎手的注意。在被捕猎的过程中，弱势的一方不能战斗（打不赢）则只有逃跑，如果跑得也不快，那就只能藏起来了。而隐藏的时候，如果呼吸不加以注意，气流的流动和呼吸的声音会把自己的位置暴露给捕猎者，这是非常危险的事情。因此，长期进化积累的本能是，隐藏自己的时候会减弱甚至停止呼吸。

到了现代社会，视觉上的隐藏除了军人、特工和罪犯之外，已经很少有人需要了，最多不过是尴尬的时候“恨不得有个地缝钻进去”的心态。但遭到负面压力的时候，心理上还是会希望通过隐藏的手段来保护自己，主动减弱或者停止呼吸，试图减少对手对自己的关注（虽然客观上不可能）。

因此，正常状况下，遭遇负面刺激（比如挨批评）的人是会不由自主减弱甚至屏住呼吸的。

根据这个结论进行推导——

1)如果骂人的时候发现,挨骂的家伙居然呼吸剧烈,这是应当留意的异常反应,往往意味着挨批的人有委屈、不服甚至反抗的情绪,需要进一步了解信息。

2)对方呼吸开始减弱甚至停止,说明其心理处于一种恐惧状态,承受着很大的压力,但不敢逃跑,不敢反抗,被动等待结果的到来。这样的心态,表示刺激是有效的。也就是说,我们问对问题了,这个事情被测试人很关心,关心则乱。

脚的拘束

站姿中最常见的是脚的冻结反应,双腿并拢挺直,肌肉紧张。在明知不能逃跑的状况下,比如受训或挨批,神经系统受到负面刺激后,不会出现大喇喇地叉开双腿站立的情况,或者完全无所谓的随意站姿,而是紧张地并拢站直,断了自己逃跑的后路,一动不动地承受着接下来的刺激。

此情此景,不动要比动好,因为不动可以将未知情境中的变化降至最低,最容易获取到尽可能多的信息,也最容易做出有利于自己的决策。如果自己乱动,则无形中将变数和可能出现的负面刺激以几何级数增大,需要处理更多的未知变化,反而增加了自己的负担。这就是为什么高手过招的时候,往往是不轻易出招,一出招便高下立分的原因。

坐姿中最常见的是腿和脚的冻结反应,把双腿约束成一种不能乱动的状态,最常见的是把双脚拘束在一起,或者别在椅子腿后面。

如果在放松的状态下,故意去做这两个动作,会发现还是挺吃力的,而且时间长了之后双腿感觉疲劳和酸痛。但是,人在紧张的时候,则会不由自主地做出类似的动作来拘束双脚,呈现局部冻结反应。

和手部的拘束道理相同,收缩的肢体映射了收缩的心态,而且借助外力或凭借本力控制住脚,可以减少不必要的动作,从而减少受攻击(批评)的可能性。这种完全消极的等待心态,是实施有效刺激的最佳伴侣。

招聘面试的时候,是观察脚的最佳时机。

1)心怀仰视和祈求的应聘者,无一例外都会束手束脚、语言滞涩(有的台词可能背得很熟,但不能正常交流);

2)有把握的人,则会看起来很放松、自然,即使两条腿叉开站立,也并不会让招聘官觉得碍眼。

面容僵化

呼吸、手和脚的冻结,是天然而本能的自我保护反应,用于判断被测试人身处窘境是比较可靠的。

一般情况下,面部的反应要克制很多,也就是掺杂了很多主观控制的表现,比如勉强的笑或者惭愧的笑。但如果负面刺激压力过大,冻结反应也会呈现在脸上,让被测试人失去礼仪和修养的矜持,表现为面部肌肉僵化,表情僵硬,缺少变化。在这个过程中,即使是最灵活的眼睛也会表现得滞涩,虽然因为需要继续观察和接收信息,还会轻微运动,但总体上是盯着负面刺激源,寻找后续的解决方案。

曾经测试过一个青年男子,测试的问题是他对爱情的忠诚度,为了增加测试情境的压力, 他的女朋友也在测试现场。当男子承认他曾经“将自己与(女朋友姓名)交往的细节告诉过其他人”时,女孩子当场就呆住了, 继而表现出巨大的尴尬和克制的愤怒, 表现最为明显的就是脸——整张脸面沉似水,表情僵硬,不知该如何面对这个局面。

因此,如果测试的过程中,发现通过刺激让被测试人面容僵硬,说明:

1)刺激充分有效,刺激源中所包含的信息是被测试人非常关心的内容。

2)在随后的测试方案中可以针对这个进行重点突破,以获取更多有效的信息。

手的约束

你有没有站在舞台上,面对着台下数百观众的注视,而觉得很不自在的时候？有没有注意过，一般人在这种时候，都会不知道怎么摆放自己的双手？

其实，不自在是一种担忧状态，潜意识中担忧的是不被观众喜欢或者被观众否定。在哪里最自在？当然是家里，因为不用担心。

站在舞台上的人，无一例外都希望自己的内在和外在被观众所接受。而这种担忧，则成为了压力的来源。表情可以强颜欢笑（虽然很假，但可以强行挤出来，而且这也是对自己的一个交代），脊梁可以挺直（当然，这也有很多人做不到），双腿反正负责站立（有事做就暂时不用管它们了），可是手怎么办呢？

这个时候，双手就会不由自主地呈拘束状态。

比如女士常见的动作是双手拉住置于身前（常被认为是羞涩可爱状），因为如果不拉住进行相互约束的话，两只手就会跑到身体两边，不知道该怎么摆放了；男士常见的动作是将双手拉住背在身后（常被认为是成熟或者有秩序感）。

另有几种比较隐晦的动作，看似有着合理的原因，而且可能很酷，比如将双手插入裤兜。类似的变形动作还有新手主持人用一只手拿住麦克风，另外一只手插入裤兜。这种姿态一般只发生在未经世事（没见过大场面）的较青涩男士身上（年龄可以放大到40岁），他们也认为这样好像是挺潇洒的样子。

不潇洒的也有，比如用袖筒将手拢起来，合理解释是冷。有气温作借口，两只手的拘谨就可以藏得很好（当然也有可能是真冷）。

其实，这一类的姿态是借助外力拘束双手的运动，这些手的反应在具体的情境中，都可以解释为“不知所措”的冻结反应，映射了内心的紧张和焦虑。如果觉得这样判断太勉强，可以回想一个最简单的问题：什么时候看到过国家领导人在正式场合中双手做插兜状？

手的反应告诉我们：

1）无论把手放在身前身后或插在兜里，其背后的心理状态都是将自己的肢体面积缩小（军人的背手军姿不在此列），或者是减少肢体动作的多样性和被关注程度，以期达到减少被批评否定的目的。可以想一下，老板在自己的地盘里很有掌控感，当他训斥你的时候，是不会把手局限在一个地方或一种姿态的！

2）如果不是没有掌控感，就是对情境有没安全感。比如朋友聚会的时候，真正开心的人都是谈笑风生、觥筹交错，身体做出轻松随意的姿态和动作，不会拘束在那里。在这样的环境中，只要有一个人呈现手的拘束反应，就会看起来特别明显，要么是生疏，要么是自卑，非常容易辨认。

3）一旦被测试人出现这样的反应，就说明其心理呈弱势定位，没有进攻趋势，甚至连防御心理都很弱，比较容易实施刺激，而且刺激的效果会相对明显。

微表情
——很难被观察到，却并不是“观察不到”

有人说：“我们不是安全局，又不可能用仪器来分析数据，而且，有的人即使被刺激了，表面上看起来也会波澜不惊，很难被观察到。”

的确是这样，但是，很难被观察到，并不是观察不到。如果拥有美国国家安全局的测谎仪，而对方完全没有反应，说明刺激不够有效，应继续加大刺激力度或更改刺激源；当然还有一种可能，就是那家伙服用了镇静剂或者神经系统有疾病——当然，这只是玩笑话。生活中，更多的人属于另外一种情况——快速调整。

在受到有效刺激的最初瞬间，他们出现的反应非常真实，但随后会很快控制住自己的反应，甚至改变和伪装成另外一种反应，还要故意表现给你看，让你印象深刻。

所以，这个时候，除了细微的身体小动作外，脸部的细微表情变化也是我们研究的重点。

1.一个观察准则——遇到有效刺激之后的第一瞬间，人人都会出现微表情

一个人，可能因为知识、阅历、能力的原因，能够在内心波涛汹涌的时候做到面不改色，明明很讨厌别人却可以表现出很喜欢。他(她)也许很会演戏，会掩盖，会“装”，但是，他(她)无法控制自己的微表情。

微表情是心理应激微反应的一部分，他(她)的“装”只能出现在微表情之后。

人类常见的情绪有(排名不分先后，也不分简单和复杂)：

平静、满足、得意、高兴；惊讶、轻蔑、厌恶、担忧、恐惧、愤怒、威胁、恨；不悦、委屈、惭愧、为难、尴尬、悲伤、悲痛等。

情绪是真实的心理反应，刺激有效的前提下，人就会产生情绪。

但是，有的人即使被刺激了，表面上看起来也会波澜不惊，很难被观察到。

更多的人属于另外一种情况——快速调整。在受到有效刺激的最初瞬间他们出现的反应非常真实，那一点点真实的反应，时间很短、幅度很小，而且因为人人都有，见惯不惊，不足为奇，很容易被忽略。但这些微小的反应才是重点，通过分析它们才有可能获取真相。

所以，如何分辨情绪反应以及它们的真假，成为了新的更高级别的问题。

情绪的作假可从种类和程度两个方面来分析。

该愤怒的时候却貌似微笑，该恐惧的时候却貌似愤怒，该高兴的时候却貌似悲伤(惋惜)，这种情绪种类错位相对容易分辨。

分析情绪的真假，难在对程度的判断。反应程度太小或者太大，都会让人不太容易确定反应是不是真的。

那怎么办?

我们可以遵循情绪和能量匹配原则。

情绪是需要消耗能量的。与情绪所引发的反应(肌肉运动)需要的能量相比,情绪需要消耗的能量更大。小刺激产生的情绪程度轻,情绪需要的能量小,表现出来的动作幅度就应该小,时间短;大刺激产生的情绪程度重,情绪需要的能量大,动作的幅度就应该大,时间相对长。

因此,表现出来的反应如果与刺激的程度不匹配,就是在作假。

2.两个原则问题——有情绪一定会有表情,有表情不一定会有情绪

要观察微表情并加以运用,我们还必须要明确两个原则上的问题:

1.有情绪是否一定会有表情?

要回答这个问题,需要着重强调的前提是:真的有情绪产生。

在不需要抑制或伪装的情境下,情绪一定会引发与之对应的表情,能够充分表达情绪的质和量。

在现代社会中,人和人之间的交往会遵循很多社会准则,所以随意的情境不多,很多时候情绪的表达都要受到约束和限制。在这样的情况下,表情就会比较隐晦,甚至出现"面是心非"的伪装表情,如同人人戴着"社交面具"一样。不过,与面具不同的是,人的脸不可能保持完全的静止不动。

在有情绪产生的前提下,脸上的任何一个细微动作,都受命于神经系统的指令,具有特定的意义。即使面沉似水,眼睛的轻微移动也能表达出当事人的内心状态。

因此,这个问题的答案是,只要有情绪出现,就会引发面部的表情。这些表情可能很简单,也可能很复杂,但可以肯定的是,其中一定包括真实的情绪反应,还可能包括经过加工和控制的伪装表情。

2.有表情是否一定说明有情绪？

这个问题的答案是：不一定。

从出生开始，多年的积累会让人可以随意做出各种常见的表情。对于演员而言更是容易，好的演员甚至可以在两秒钟之内精准地控制某一只眼睛默默流出眼泪。

因此，仅仅观察到表情，并不能确认行为人内心中产生了相应的情绪。在心理测试过程中，为了能够最大限度通过观察表情的细微变化来确认内心状态，必须要添加一个必要的步骤——有效刺激。有效刺激是指根据被测试人的具体状况设计刺激源，有效引发被测试人的真实情绪。真实情绪一旦产生，就会通过表情表达出来，而我们所要做的，就是过滤假的，捕捉真的。

历史上确有脑功能损伤者无法识别表情的案例记载；年龄不超过三岁的婴儿，也无法识别所有的基本表情；但心智正常的少年，以及年龄更大的人群，对于日常生活中的常见表情，都不会存在识别障碍。

然而，在识别表情含义的过程中，确实存在很多障碍，困难可以分成两类。

第一类是对复杂表情的含义确定。有些表情非常眼熟，但普通人却不能准确地判断表情者的心境，有感觉，但不清晰、不确定。第二类是自控能力强的心理高手所表露出来的表情。不论是面无表情还是逼真的表演，都具有非常大的迷惑性，不易识别。

克服第一类困难，需要具备拆解复杂表情特征的能力；克服第二类困难，除了要能够拆解并熟知脸上细微变化所属的表情特征之外，还多了一步，那就是分辨真假。一句话概括的话，情绪引发的表情为真，思维控制的表情为假。

控制和表演，是完全执行了思维的指令，需要通过“想”来完成的行为。然而在开动脑筋考虑清楚之前，还有一个非常短暂的瞬间，不用“想”也不能“想”，身体就会作出相应的反应和变化，包括脸上的肌肉运动。在这个短暂的瞬间，起主导作用的是本能或习惯。

情绪是人类诸多本能中的一种，属于神经系统的本能反应。它先于理智思维产生，不受思维性主观意识的控制。因此，情绪表现出来的表情，是真表情；情绪越是饱满，它所导致的变化通常也就越明显，意义也就越容易被确认。要想分辨表情是否表达了真实的内心感受，就需要特别注意这种由情绪引发的真表情。

探寻“微语言”背后的真实意思
——“搞同性恋或吸毒，并不意味着他(她)不能为NSA工作”

20世纪80年代中期，一个政府调查员来敲一名中学生家的门，向他调查邻居的情况，邻居大学毕业，想在暑假期间到美国国家安全局找工作。

调查员问那个中学生：“他是不是同性恋？他是否吸毒或酗酒？他经常上教堂吗？你能不能向我介绍一下他的家庭生活情况？他和他父母的关系如何？……”可怜的中学生吓了一跳，不知道如何应对。他想，难道做美国国家安全局工作还必须要和出身、个人嗜好、性趋向、家庭、宗教信仰这些挂钩吗？

其实他错了，调查员之所以问中学生这些，无非是想知道他的邻居有没有说谎——同样的问题已经问过他的邻居了，调查员只是对证一下邻居的回答是否正确。

负责美国国家安全局大学生招聘计划的比尔·肖尔斯说：“某人搞同性恋或吸毒，并不意味着他或她不能为美国国家安全局工作，但是，如果他在回答过程中，隐瞒实情，那么，他做安全工作就不一定可靠。”

这就是“微反应”的第三要素——微语义。

也就是探寻只言片语背后的真实意思。

一个小例子更能说明了解微语义的重要性：

机关里有一个管老干部工作的小王，有一天负责通知老干部回机关开会，他给一位老干部老张打电话，说："老张，请您某月某日某时到某地方开会。您听清楚了吗？"

老张回答："我老了，眼又花，耳也背，听不清！"说完就把电话挂了。小王一头雾水，不明就里，不知道自己什么地方得罪了老张，使他百思不得其解。于是，小王就向老李请教，老李一听就笑了，也不解释原因，只给小王出了个主意，让他把最后的一句"您听清楚了吗"改为"我讲清楚了没有"。

第二次再通知老干部开会时，小王就按老李所教的办法，对老张说："老张，请您某月某日某时到某地方开会。不知道我讲清楚了没有？"老张一听，高高兴兴地回答："你讲得很清楚嘛，就是某月某日某时到某地方开会。"他还将小王的通知重复了一遍。

同样的一句话，换一种表达方式，就能取得完全不同的效果。从对手的微语义中揣摩下一步的攻心策略，是每一个人都应该掌握的基本技能。

1.求职时——警惕这些"微问题"

问题1、你为什么觉得自己能够在这个职位上取得成就？

专家分析：这是一个相当宽泛的问题，它给求职者提供了一个机会，让求职者表明自己的热情和挑战欲。对这个问题的回答将为面试人在判断求职者是否对这个职位有足够的动力和自信心方面提供关键信息。

错误回答：我不知道。我擅长做很多事情。如果我能得到并且决定接受这份工作，我确信自己可以把它做得相当好，因为我过去一直都很成功。

专家评论：尽管表面上听起来这种回答可以接受，但是它在几个方面都有欠缺。首先,这种语言很无力。像“擅长做很多事情”以及“相当好”之类的话,都无法反映你的进取心,而如果不能表现出足够的进取心,就很难进入最好的企业。另外,将过去做过的所有事情同这个职位联系起来,这意味着求职者对这一特定职位没有足够的成就欲望和真正的热情。

正确回答:从我的经历来看,这是我的职业生涯中最适合我的一份工作。几年来,我一直在研究这个领域并且关注贵公司,一直希望能有这样的面试机会。我拥有必备的技能(简单讲述一个故事来加以说明),我非常适合这一职位,也确实能做好这份工作。

专家评论:这是一个很有说服力的回答,因为它可以告诉面试人,自己拥有足够的技能和知识来完成这项工作。自己所讲的故事表明了求职者的技能,也验证了他最初的陈述。最后,求职者表示了“做好这份工作”的愿望,这证明了他具备对这份工作的热情和进取心。

问题2、你最大的长处和弱点分别是什么?这些长处和弱点对你在企业的业绩会有什么样的影响?

专家分析:这个问题的最大陷阱在于,第一个问题实际上是两个问题,而且还要加上一个后续问题。这两个问题的陷阱并不在于你是否能认真地看待自己的长处,也不在于你是否能正确认识自己的弱点。记住,你的回答不仅是向面试人说明你的优势和劣势,也能在总体上表现你的价值观和对自身价值的看法。

错误回答:从长处来说,我实在找不出什么突出的方面,我认为我的技能是非常广泛的。至于弱点,我想,如果某个项目时间拖得太久,我可能会感到厌倦。

专家评论:这种回答的最大问题在于,求职者实际上是拒绝回答问题的第一部分。对第二部分的回答则暗示了求职者可能缺乏热情。另外,基于对这一问题前两个部分的回答,求职者对后面的问题很难再做出令人满意的回答。

正确回答:从长处来说,我相信我最大的优点是我有一个高度理性的头脑,能够从混乱中整理出头绪来。我最大的弱点是,对那些没有秩序感的人,可能缺乏足够的耐心。我相信我的组织才能可以帮助企业更快地实现目标,而且有时候,我处理复杂问题的能力也能影响我的同事。

专家评论:这个回答做到了“一箭三雕”。首先,它确实表明了求职者的最大长处。其次,它所表达的弱点实际上很容易被理解为长处。最后,它指出了这个求职者的长处和弱点对企业和其他员工的好处。

问题3、是否有教授或者咨询师曾经让你处于尴尬境地,还让你感到不自信?在这种情况下,你是怎样回应的?

专家分析:这个问题考查的是求职者在陌生领域工作的能力。通过这个问题,面试人可以了解到,当所给的任务超过自己目前的能力水平时,求职者解决问题的意愿和能力。

错误回答:我相信质疑权威是很重要的,我不可能在学校里学到一切知识。很多人以为自己知道所有问题的答案,可实际上他们并不了解真实世界里发生的一切。你知道,那些都是象牙塔里的东西。

专家评论:这种回答的最大问题在于,求职者把问题的焦点从自己身上转移了。严肃的面试人并不关心你对高等教育的观点。他们想知道的是,当出现问题中给出的情况时,你将怎样处理。这种回答的另一个弊端是,它会使面试人对你是否愿意服从领导产生怀疑。

正确回答:在我当学生的这几年中,我尽自己所能多学习知识,经常选择一些不熟悉的课程,因此往往会受到教授的质疑。不管什么时候,当我觉得自己对这个科目知之甚少时,我就尝试预见一些问题,为回答问题做些准备。当我被难住时,我尽可能做出科学合理的猜测,承认我不知道的东西,并且从不懂的地方开始学习。(如果可能,你可以举出一个例子……)

专家评论:这种回答的最大好处在于,它清楚地表明了求职者会积极面对艰难处境。它也显示了求职者有雄心和明确的态度,知道怎样处理离奇和模糊的问题。

问题4、你是否曾经得到过低于自己预期的成绩？如果得到过，你是怎样处理这件事情的？

专家分析：对这个问题的回答除了可以揭示求职者的热情和进取心，还可以揭示求职者是否愿意为某一事业奋斗，是否愿意为追求公平而奋斗。

错误回答：记得有一次，我觉得应该得B但却得了C，我去找辅导员，他给我看了我在每个项目上的得分情况——我处在C级的边缘但很明显是C，我很高兴能核实一下而不是接受既定的分数值。

专家评论：这个问题开始时回答得很好，但最后却不尽如人意。从最初的情况看，求职者似乎愿意追查到底。但是后来很显然，他(她)没有试图做出改变。

正确回答：我曾经和一个研究地球科学的教授有过一段令人记忆犹新的经历。这个人一向以偏袒理科生而出名，而我偏偏又不是理科生。在我们班上，所有的非理科生都感到，他对我们的知识基础有着非常不切实际的期望。由于他的偏见，这些非理科生大多表现不好。尽管我表现还算不错，但我还是和其他学生一道向系领导发出了一份声明，建议校方审查一下他的教学方式。

专家评论：这种回答能够表明，这名求职者有能力克服困难处境，而且能够脱颖而出并居于领先地位。这样的回答还可以表明，这名求职者高度重视公平感，同时也表明了求职者十分关心集体利益。

问题5、出于工作晋升的考虑，你打算继续深造吗？

专家分析：这是一个简单的问题，它可以用来衡量你的雄心，也可以判断企业对你的重视程度是否会影响你对自己未来的重视程度。

错误回答：我不知道。我已获得了管理学学士学位，我认为自己已经受到了很好的教育。我觉得实际工作经验比在学校里学到的东西更有价值。

专家评论：尽管求职者试图通过这种回答反映其积极的一面，而且这样回答从某种程度上也可以间接地讨好面试人(面试人就是“实际工作"的一部分)，但是，它根本没有反映出求职者追求上进的意愿。因此，根据求职者所表达的信息，如果碰上一个乐观的面试者，他(她)会认为你缺乏雄心；如果碰上一个悲观的面试者，他(她)可能会认为你很自负。

正确回答：作为一名大学生，我学到了很多知识。如果有合适的机会，我当然会考虑继续深造。但是，我会认真考虑这件事情，我觉得很多人回学校学习是很盲目的。如果我发现自己所做的工作确实有价值，而且也需要获得更多的教育才能在这一领域做得出色，我当然会毫不犹豫地去学习。

问题6、你曾经参加过哪些竞争活动？这些活动值得吗？

专家分析：通过调查你经历过的实际竞争场景，可以反映你对竞争环境的适应程度，也可以反映你的自信心。当竞争成为关键因素时，正是讨论小组活动或企业业务的一个绝好机会。

错误回答：从本质上说，我是一个竞争性很强的人。我认为，在所有我做过的事情中，我实际上都采取了一种竞争性的态度。毕竟，只有这样你才能在竞争激烈的企业界生存，对吧？

专家评论：这样的求职者阅读了太多关于鲨鱼和汉斯之类的故事，这样回答让人感觉在企业界不是你死就是我活。尽管企业界是高度竞争的，但是企业中的人憎恨别人把自己看成是凶猛的梭子鱼。

正确回答：我喜欢小组运动，我一直都尽我所能参加这些活动。我过去经常打篮球，现在有时候也打。同小组一起工作、为实现共同目标而努力、在竞争中争取胜利……这些事情确实非常令人兴奋。

专家评论：这种回答表明，求职者能够正确看待竞争。这意味着他(她)能够利用竞争力量在竞争中取胜，而不会毁掉同事的工作成果。

问题7、你怎样影响其他人接受你的看法？

专家分析：你的回答将告诉面试人，首先，你对影响别人有什么看法。其次，你影响别人的能力究竟有多大。

错误回答：一般情况下，这取决于这种想法的价值。如果这是一个好想法,而且我所交往的人是通情达理的,那么,这种情况下,让别人接受我的想法不会太难。

专家评论:这种回答的问题在于,它并没有解决实际问题。这个问题实质上问的是你怎样对待那些不赞同你看法的人。这个回答表明,你愿意在一种和谐的工作环境中工作,不喜欢不和谐的工作氛围。

正确回答:这是多年来我一直非常努力探索的一个领域。对于好的想法,甚至是伟大的想法,人们有时并不接受。我现在认识到这样一个事实,那就是你表达想法的方式同想法本身一样重要。当我试图影响别人时,我一般会假设自己处在他们的位置上,让自己从他们的角度来看待问题,然后我就能够以一种更可能成功的方式向他们陈述我的想法。

专家评论:首先,这个回答表明,你理解人际沟通的复杂性,知道使别人改变看法具有一定的难度。其次,这个回答还表明,你知道影响别人时运用策略很重要,而且也能够采用合理的方式说服别人。最后,这个回答还表明,你知道在沟通困难的情况下,沟通方式和沟通内容一样重要。

问题8、在做口头表达方面你有哪些经验?你怎样评价自己的口头表达能力?

专家分析:这个问题旨在测评你的公共演讲能力,同时也可以了解你对演讲能力的自我评价。

错误回答:我认为每个人都会在做演讲时感到紧张,我可以做口头表达,但是说实话,人们并不总是愿意倾听。我认为,有时候,给人们发放纸面信息再回答他们的问题,这样做会更好一些。

专家评论:这种回答清楚地表明,你这方面的能力很欠缺。它不仅说明你不喜欢口头表达,同时也意味着你不愿提高自己的口头表达技能。

正确回答:我曾经看到一篇文章,说公共演讲是美国人最害怕的事情。我认识到,如果大多数人都害怕做公共演讲,那么在克服自己的恐惧并掌握口头陈述技能之后,我就能够在竞争中更胜一筹。因此我抓住所有的机会做演讲，而且我发现，做的演讲越多，就越对演讲感到轻松自如——当然也做得更好。

专家评论：这是一个很好的回答。因为它具体说明了你在这方面的能力，而且也表明你正在继续努力提高自己的演讲技能。通过承认口头陈述是很复杂的，求职者同时表明了自己的诚实和正直。

问题9、你怎样比较自己的口头技能和写作技能？

专家分析：这是一个暗藏杀机的问题。无论什么时候，只要被问及对两种事情做比较的问题，就一定要小心。这样的问题通常是想让你说出自己的弱点。

错误回答：(任何表明自己的某一技能比另一技能好的回答)

专家评论：你中圈套了。

正确回答：从现在的情形看，企业越来越重视职员的能力，希望他们在口头表达和书面表达方面都能够做到清晰、明确。我总是利用机会提高自己的口头沟通和书面表达技能。我认为，这两种技能都是极为重要的，任何想要在企业界取得成功的人，这两种技能都应该具备。

专家评论：这种回答避开了陷阱，避免别人认为自己在某一方面薄弱。同时，也可以表明，你理解高效沟通技能的重要性。更重要的是，它可以使面试人确信，在一般技能方面你拥有坚实的基础，而这些技能是无论什么企业都需要的。

问题10、在写专业论文时你最不喜欢哪些方面？

专家分析：这个问题可以判断你是否愿意开展研究工作，是否愿意发现信息并找到解决困难问题的办法。

错误回答：我最担心的就是进行一个自己不感兴趣的研究课题。如果我对研究课题感兴趣，我不介意开展研究工作。但很多时候，研究所得的成果并不能在实际中得到应用。

专家评论：尽管很多读者可能会同意这种回答，但它却不能让面试人感到满意。很多工作任务都是单调和繁琐的，听到求职者表示不喜欢枯燥的事情，这会让人感到很不舒服。

正确回答：如果我认真工作的话，会发现某一题目有无穷多的信息。我认为最难的工作就是判定什么时候才能获得足够的信息可以开始动笔写论文。

专家评论：这种回答表明，求职者理解研究的意义并愿意从事研究工作。它还表明求职者能够深入调查，也表明求职者能够胜任书面论文的写作。同时，这种回答显示了求职者的雄心、热情以及动力。同时也表明，求职者具有与众不同的头脑，而且对重大职业决策非常认真。

问题11、上下级之间应该怎样交往？

专家分析：通过这个问题可以了解求职者在企业等级结构中的沟通方式。通过对这一问题的回答，求职者可以展示自己在复杂领域工作的技能水平。

错误回答：我愿意并且相信我们可以成为朋友。毕竟，如果要和某人团结合作，你最好要了解这个人。只有这样，大家才能互相理解，而且也可以避免很多不必要的冲突。

专家评论：这个回答的最糟糕之处在于，表明求职者非常不成熟。任何对工作中的人际关系稍微有点了解的人都知道，冲突在工作中是不可避免的。认为建立亲密友谊可以化解矛盾的想法，表明求职者不能真正理解工作关系与个人关系的界限。

正确回答：我认为，能在企业各个层面上清楚地进行交流，这对企业的生存至关重要。我认为自己已经在这个方面培养了很强的能力。从上下级关系来说，我认为最重要的是应该意识到每个人以及每种关系都是不同的。对我来说，最好的方式就是始终不带任何成见地来对待这种关系的发展。

专家评论：这种回答表明，求职者理解人际关系的复杂性以及多样性。求职者明确地表达了高效沟通技能的重要性，同时也显示了自己在这方面的自信。

问题12、你的好友怎样评价你？

专家分析：通过这个问题可以了解求职者的个性。这个问题看起来与求职者的潜能无关，但它反映了一种趋势，那就是企业倾向于雇用有高尚道德标准和高超技能的人。

错误回答：他们会说我是一个有趣的人。对我最恰当的评价就是，我喜欢努力工作和尽情娱乐。

专家评论：这种回答听起来似乎无懈可击，但是它却存在几个问题。首先，这种回答并没有对所提问题做出答复，还会让面试人怀疑求职者没有亲密的朋友。另外，这种回答也会让面试人怀疑“尽情娱乐”的本质，从而有可能提出更多具有杀伤力的问题，比如有关酗酒和吸毒等问题。

正确回答：我的朋友对我很重要。在与朋友的交往中，最重要的是，彼此之间有互相依赖的感觉。我们都很忙，并不能经常会面，但在我可以称为亲密朋友的几个人中，我们都知道，大家随时可以互相依赖。

专家评论：这种回答反映了一种成熟感，如今的企业非常重视这种感觉。求职者的优良素质和对少数几个朋友的重视，都可以表明求职者的心理素质相当稳定。有关的故事听起来也必须真实，如果不真实就不要使用——因为它不会奏效。

问题13、你和同事们怎样相处？

专家分析：通过这个问题以及前面上下级关系和朋友关系的问题，面试人可以对求职者的有效沟通技能得出一个总体印象。从某种意义上说，如何和同事们相处是最关键的沟通问题，因为根据美国劳工部的统计，在离职的人中，80%是因为不能适应其他人。与同事的有效沟通能力将减少面试人的担心，避免他(她)认为你是又一个不合适的人选。

错误回答：我是一个容易交往的人，能够同大多数人和谐相处。到目前为止，我还从来没有真正遇到过无法与我相处的人。我们总会遇到某个自己不太喜欢的人，这种人不像其他人一样容易相处，但是我努力忽略这一点。如果某个人确实讨厌，我就耐心等待，直到他们最终消失——我相信这种人不会在这里待太久。

专家评论：同某些错误回答一样，这种回答看起来也相当无害。但是它有几个漏洞。首先,没有人能够跟所有人和谐相处。在做出能够和所有人相处的泛泛陈述后,紧接着却谈论自己不喜欢的人,这使得回答听起来有点矛盾。最后,求职者打破了面试的一个主要规则——永远不说别人的不好。

正确回答:我一般都能与同事相处得很好,当然有时候也可能会同某人发生冲突。这时,我一般会注意寻找冲突的根源,而不是转移到对对方的攻击上。我发现这种方法非常有效,它可以使我同任何人都维持一种相互尊重的关系。另外,通过这样做,我往往能解决问题,甚至会促进与同事的关系。

专家评论:这种回答表明,求职者的心理是稳定的,而且具有很高的人际协调能力。通过将问题和人格区别开来,求职者表明了自己在过去曾经顺利解决过人际关系问题,而且在人际关系方面也很成功。

2.口头禅——最常见的"微语言"

口头禅作为一种下意识的表现,间接地反映了一个人的性格。可以说,它是"最常见"的微语言。

口头禅的形成不外乎两个原因:重大事件对人的影响和积累效应的结果。

譬如,一个满腔热情的年轻人真挚地投入到恋爱中,爱情欺骗了他,可能在一段日子里他会对爱情嗤之以鼻,他的口头禅也许就是:"爱情这东西,纯粹是扯淡!"

而当一个人多次遇到同样的情况后,积累效应就会在他的口头禅中得以展现。如果在生活中多次遇到见死不救、坑蒙拐骗,也就不难理解为什么会有"现在的人啊,和以前没法比"这样的口头禅了。

你经常会说哪些口头禅?下面的题目能测出你的个性。

A)说真的、老实说、的确、不骗你

B)应该、必须、必定会、一定要

C)听说、据说、听人讲

D)可能是吧、或许是吧、大概是吧

E)但是、不过

F)啊、呀、这个、那个、嗯

1.“说真的、老实说、的确、不骗你”

这种人有一种担心对方误解自己的心理，性格有些急躁，内心常有不平。

2.“应该、必须、必定会、一定要”

此类人自信心极强，显得很理智，为人冷静，自认为能够将对方说服、令对方相信。另一方面，“应该”说得过多的时候，反映了有“动摇”心理，长期担任领导职务的人，易有此类口头语。

3.“听说、据说、听人讲”

之所以用此类口头语，是为给自己留有余地的心理造成的。这种人的见识虽广，决断力却不够。很多处世圆滑的人，易用此类口头语。

4.“可能是吧、或许是吧、大概是吧”

说这种口头语的人，自我防卫本能甚强，不会将内心的想法完全暴露出来，在处事待人方面冷静。所以，工作和人事关系都不错。同时这也有以退为进的含义。事情一旦明朗，他们会说：“我早估计到这一点”。从事政治的人多有这类口头语。这类口头语隐藏了自己的真心。

5.“但是、不过”

这类人有些任性，因此总是提出一个“但是”来为自己辩解。“但是”语是为保护自己而使用的，也反映了温和的特点，它很委婉，没有断然的意味。从事公共关系的人常有这类口头语，因为它的委婉意味，不致令人有冷落感。

6.“啊、呀、这个、这个、那个、嗯”

常是词汇少或是思维慢的人，在说话时利用这些词作为间歇的方法而形成的口头语的习惯。因此,使用这种口头语的人,反应较迟钝。

提醒:

也许你会说:“这似乎太断章取义了!”那么,为了证明“你不是这样的人”,请你摈弃三类对你不利的口头禅。

1)“我不行”、“我怯场的” ……通过负面信息来不断强化对自己的否定评价,会导致人们产生自卑感;

2)“都是这样的”、“不塞红包能行么”、“肯定办不成” ……刻板的、教条主义的口头禅;

3)“凑合着吧”、“没劲透了”、“活着真没意思”……会传染给他人消极情绪的口头禅。

TIPS:一句话的“成与败”

机密往往就隐藏在看似平淡无奇的一句话中。

一句嘲讽话令战争惨败

第一次世界大战期间,有一名美国商人前往欧洲旅行。在华沙,他应邀参加一个宴会。宴会上,他和一名德军高级参谋相邻而坐。德国人发现与美国人同席,便嘲讽地说,美国支持英国与法国的政策没有什么用处,因为不久德国将在凡尔登发动一次决定性的全面攻势,这个战役必然会结束这场战争。这名美国人经伦敦回国时,把上述谈话内容告诉了美国大使馆的人员,美国又转告了法国。法国从多方面证实了这一情报的可靠性,于是加强了凡尔登地区守军的力量,预先作好了迎击德军的准备。结果,在凡尔登战役中,德军遭到了惨败。

一句玩笑话“炸毁”弹药库

第二次世界大战期间的一个晚上,法西斯德国军官别利茨和伦格送他们的俄语教员娜佳回家。临别时,别利茨对娜佳说:“和你这样漂亮的小姐分别，我真舍不得！""怎么，你要到别处去？"娜佳惊奇地问。"过几天我要到红博尔休假。""那可是个好地方，树林茂密，鸟语花香……"娜佳高兴地说。伦格急忙插话说："可是现在那里是个火药桶。只要一颗炸弹下去，就会送你见上帝去，哈哈！"

说者无意，听者有心。娜佳很快把有关红博尔弹药库的情报送到了苏军指挥部。不久，无线电波传来了苏联新闻当局的报道："1943年6月3日，苏军远程航空兵轰炸了德军设在斯摩棱斯克城近郊的红博尔大型弹药库，并将其完全摧毁。"一句玩笑话就这样毁掉了一座弹药库。

一句告别话"击沉"军舰

第二次世界大战期间，美国一名海军士兵在他服役的军舰即将由美国开往欧洲作战时，因为来不及当面向女友告别，便借用一个公共茶室的电话通知了她。在电话中，他把出发时间、航行路线和目的地都说了出来。不巧的是，当时茶室中正好有一名德国间谍，他把这位美国士兵所说的话全部记下，立即用无线电报告了德国情报当局。结果，这艘美国军舰出海不久便被德国潜艇击沉了。

"国安局只招募全国最聪明的人"
——掌握原则，还要学会变通

《迷失》和《犯罪现场调查》两部电视剧的热播，引起了美国国家安全局的重视。

电视剧的广告时段一到，就会出现这样一则广告：一个闪闪发光的蓝色地球在背景上转动，屏幕上火光闪耀。接着是代表恐怖分子的画面，男解说员的声音响起："这个世界充满危险，国家安全每天面临新的威胁。我们的敌人竭力隐藏他们的计划，美国国家安全局的任务就是揭露他们的计划，同时为我们自己的计划保密。"然后，画面变成了一群正在交谈的特工,一个女声:“难怪国安局只招募全国最聪明的人。”

这则广告播出后,有志加盟国安局的人数量大增,近4000人浏览了国安局网页。美国中央情报局资深人士罗恩·马克斯说:“这些观众对解决问题和转换思维方式很感兴趣,对这些人播放招聘广告是一个很不错的办法。”

的确,我们要学会灵活运用原则性,试着转换自己的思维方式,不是刻板地将微反应、微表情、微语言拆开来按部就班(事实上也不可能),而是结合实际,活学活用,这就要求我们掌握几种“黏合剂”和“润滑剂”。

1.“黏合剂”——你能从这些反应洞悉人心吗?

第一种:表示怀疑

眼睛看着天花板,或者是拉下眼镜、低着头、眼睛向上看人,好像是说:“你在耍我了,你认为我很好骗,是不是?”

手揉搓鼻子、玩胡子,或者摸后脑勺。

身体向椅背靠,两手交叉放在胸前。

皱眉、假笑或头左右大幅度地摇摆,嘴巴张得大大的,表现出一副不相信、吃惊或“一脸讽刺”的样子。

挑起眉头,眼睛往旁边看。

嘴巴微微张开,手指放在下牙齿上,表现出一副困惑的样子……

第二种:表示不满、反感

身体突然挑衅性地摆动,手势忽动忽停,还有其他一些突然性动作。比如,上半身突然前倾,手指不停地摇晃。

双手交叉放在胸前,手指紧紧地抓住上臂。

双手紧紧地抓住桌子或大腿,或者紧紧抓住椅子的扶手。

站立时,双手紧紧地放在背后,两腿站得笔直,而且纹丝不动。

不停地揉鼻子,抓后脑勺、脖子或脸颊,表现出一种不耐烦的情绪。

既不笑也不做出反应地点头,整个下巴的肌肉都绷得紧紧的,双眉紧锁,有时眼睛还向别处张望。

第三种:表示积极态度

微笑、点头或其他兴奋积极的脸部表情。

双手自然地放在桌子上,或者手势自然、友好;双脚突然不再交叉;手臂也不再交叉放在胸前;其他动作也轻松自然,表现出当事人的观念已经在改变。

拍一拍你的手臂、肩膀或背部,这样的动作表现出对你的温暖、友好、关心或同情的姿态。但是,需要注意的是,触摸行为表达出一种强烈的情绪,而且如果这种行为发生在男女之间,那么,反而会给人一种不真诚或胁迫的感觉,从而使人难以接受甚至感到厌恶。

身体坐得靠近一点,看起来好像是一种彼此之间的关系比较密切的信号。

讨论期间,解开外套的扣子或者脱下外套,或直接卷起袖子,可能表示愿意接受他人的看法与建议。

坐在椅子的边缘,上身微微前倾,表现出一副渴望仔细倾听每一个字的样子;两腿在桌椅下自然下垂,只用脚尖点地;头微微倾斜。这种姿势通常表示完全接受谈话内容。

第四种:表示考虑

坐在椅子上,身体向前倾,不断地自言自语"嗯,嗯……"

目光呆滞或者两眼瞪视,通常是眼睛望着窗外或者是看着地板、墙壁或天花板,双眉紧锁,头一动也不动。

看似在娴熟地擦拭着眼镜,而实际上根本就没有这样做。

双手交叉放在背后,低着头,肩膀下垂,两只眼睛紧紧地盯着地,装出一副沉思的样子。

不停地摆弄着自己的头发、胡须等。

慢吞吞地、若有所思地、反复地摆弄着某件物品以拖延时间。

头下垂，双眼紧闭，一只手轻轻地抚摸着自己的鼻子，双唇相互磨擦，或者一只手轻松地抚摸前额。

一只手托着下巴，手指置于脸的两颊，同时，轻轻地抚摸着脸颊……

第五种：表示冷漠、无动于衷

既不提出问题、做出解释，也不提出要求，以此来表示自己对话题不感兴趣。

目光呆滞，看起来像一个木讷呆板的人，或者看上去像一个睁着眼睛睡觉的人。

心不在焉地在笔记本上乱涂乱画，时不时地看看表、清洁手指甲等。

手指敲桌子、双脚不停地敲地板，或者拍打身上的某个地方，或者做出拿着笔玩之类的不耐烦的动作。

双脚交叉，并且左右快速移动，或者有韵律地踢着。

在椅子上坐立不安，眼睛不断地东张西望，试图寻找一些有趣味的事物。

第六种：有意拖延时间

反复阅读同一份文件。

头和眼皮下垂，双手托着下巴，好像整个人都瘫在椅子上，双腿向前伸得笔直。

不停地点头，同时，口中发出断断续续的"嗯"、"哈"的声音，一直持续到结束。

2."润滑剂"——你能学会以下的"攻心效果"吗？

也许你一时之间还无法像专家般掌握全部微语言的使用方法，但至少可以先控制好自己的微语言，强化自己的说话术以达到攻心效果。

一、做一个真诚的倾听者

认真倾听对方的谈话,是我们对他人的一种最高的恭维。很少有人能拒绝那种带有恭维的认真倾听。

成功的商业会谈的秘诀是什么？就是专心致志地倾听正在和你讲话的人,这是最为重要的。至于成功的商业交往,没有别的东西比认真倾听更令人开心的。

人们所具备的善于倾听的能力,好像比任何其他能力都要少。如果希望自己成为一个善于谈话的人,首先就要做一个善于倾听别人的人。要做到这一点其实并不难,不妨问别人一些他们喜欢回答的问题,鼓励他们开口说话,说说他们自己以及他们所取得的成就。

二、谈论对方最感兴趣的话题

要成为受人欢迎的说话高手,就要用热情和生机去应对别人。接触对方内心思想的妙方,就是和对方谈论他最感兴趣的事情。如果我们只想让别人注意自己,让别人对自己感兴趣,我们就永远也不会有许多真挚而诚恳的朋友。真正的朋友,不是用那种方法交来的。对别人漠不关心的人,他们的一生困难最多,对别人的损害也最大。所有人类的失败,都是由这些人造成的。

三、让对方感到自己很重要

假如我们一心只想得到回报,那么就不会给人任何快乐,不会给人任何真诚的赞美。假如我们的气度如此狭隘,只会遭到失败,而不会有任何成功和幸福。如果我们违背这条原则,就会招致各种挫折。这条法则是:“永远尊重别人,使对方获得自重感。”每个人都有优点,都有值得别人学习的地方。承认对方的重要性,并由衷地表达出来,就会使你得到他人的友谊。

四、说话时面带微笑

做一个真诚微笑的人。微笑会让人觉得你非常友善,会明白你的心意:在管理、教育和推销当中会更容易获得成功,更容易培养快乐的下一代。如果希望自己成为一个受人欢迎的说话高手,那么一定要记住:当看见别人时,一定要心情愉悦。

五、学会用友善的方式说话

如果一个人因为与你不和,并对你怀有恶感,那么你用任何办法都不能使他信服于你。人们不愿改变他们的想法,不能勉强或迫使他们与我们意见一致。但如果我们温柔友善——非常温柔,非常友善——就能引导他们和我们走向一致。温柔、友善,永远比愤怒、暴力更强有力。一个人如果能认识到"一滴蜂蜜比一加仑胆汁能捕到更多的苍蝇"这个道理,那么在日常言行中也会表现出温和友善的态度来。

六、站在对方的立场说话

为人处世成功与否,全在于你能否以同情之心,接收别人的观点。当你认为别人的观念、感觉与你自己的观念和感觉同等重要,并向对方表达这一点时,你和别人的交谈才会轻松愉快。如果你是个听者,就要克制自己不要随便说话。如果对方是听者,你接受他的观点,将会使他大受鼓舞,使他能够与你开怀畅谈,并接受你的观点。

七、向对方表示同情

你每天遇见的人当中,有3/4都渴望得到同情。如果你能给他们同情,他们就会喜欢你。多替别人着想,不仅能使你不再为自己忧虑,也能使你成为受欢迎的谈话者,帮你结交更多朋友,并获得更多的乐趣。"我一点都不奇怪你有那种感受。如果我是你,我无疑也会和你的感受一样。"这样的一句话,即使是脾气再固执的人,也会软化下来。

八、让对方多说话

尽量让对方畅所欲言吧!对于他自己的事及他自己的问题,他一定知道得比你多,所以你应向他提些问题,让他告诉你几件事。要有耐心,并以宽广的胸襟去倾听,要诚恳地鼓励对方充分地表达他的意见。让对方说话,不仅有利于在商业方面赢得订单,而且有助于处理家庭当中的一些纠纷。事情就是这样——即使我们是朋友,他们也宁愿我们只谈论他们的成就,而不愿意听我们夸显自己的过去。

九、不要和别人争论

为什么非要证明一个人是错的呢?那样做难道就能使他喜欢你吗?

为什么不给他留点面子呢？他并没有征求你的意见，而且也不需要你的意见，你为什么要和他争辩呢？永远都不要和别人正面争论。天底下只有一种能赢得争论的方法——那就是避免争论，就像避免毒蛇和地震一样避免争论。

真正的推销术不是争论，哪怕是不露声色的争论，因为人们的看法并不会因为争辩而有所改变。如果你争强好胜，喜欢与别人争执，以反驳他人为乐趣，或许能赢得一时的胜利，但这种胜利毫无意义和价值，因为你永远得不到对方的好感。

十、永远不要指责他人的错误

无论你用什么方式指责别人说他错了，他就会同意你吗？绝对不会！即使你搬出所有柏拉图或康德式的逻辑与他辩论，也改变不了他的看法，因为你伤了他的感情。如果你想要证明什么事，大可不必声张宣扬，而要讲究策略方法，不要让任何人看出来。如果你能承认或许是你错了，那么你永远不会惹来麻烦。这样做，不仅可以避免所有的争论，而且还能使对方和你一样地宽宏大度，承认他也难免会犯错。

十一、勇敢地承认自己的错误

假如我们知道自己免不了要受责备，为什么不抢先一步，积极主动地认错呢？难道自己责备自己，不比别人的斥责要好受得多？要是你知道别人正想指责你的错误，你就应该在他有机会说出来之前，以攻为守，自己把他要说的话说出来。很有可能，他会采取宽容谅解的态度，宽恕你的错误。一个有勇气承认自己错误的人，也可以得到某种满足感。这不仅只是消除罪恶感和自我辩护，而且有利于解决实质性问题。用争斗的方法，永远不会得到满足；用让步的方法，收获将比期望的更多。

十二、牢记他人的名字

公司越大，人们之间的关系就会越冷漠。唯一能够使公司变得温暖一些的办法，就是牢记别人的名字，使人感觉受到了重视。但是，我们中间有多少人能够这样做呢？在个人事业与商业交往中，牢记别人的姓名并非一件小事。拥有这种能力的人，将会使自己成为一个受人欢迎的人。

十三、让对方觉得是自己的主意

我们喜欢别人关心我们的愿望、需要及想法。在天才的每一项创造和发明之中，我们都看到了过去被我们排斥的想法；当这些想法再次展现在我们面前时，却显得相当伟大。一定要记住，我们明天所要接触的人，也许正有着伟大的想法或创意，所以，我们应虚心地向对方请教，让对方帮你出主意，并使对方觉得那是他自己的主意。

十四、赞美和欣赏他人

天底下只有一个方法能够说服别人去做事，这就是激发对方的热情，让对方乐意去做那件事。我们先别忙着表述自己的功绩和需要，先看看别人的优点，然后抛弃奉承，给人以真挚诚恳的赞美吧。如果是发自内心地赞美，那么人们将把我们的每一句话视为珍宝，终身不忘；即使我们自己早已忘到九霄云外了，但别人仍然会铭记在心。

十五、委婉地提醒对方的错误

若想不惹人生气并改变他，只要换两个字，将“但是”改为“而且”，就会产生不同的效果，就可以轻易解决了。对那些不愿接受直接批评的人，如果能间接让他们去面对自己的错误，就会收到非常神奇的效果。批评解决不了任何问题，只会引起被批评者的反抗，若能委婉地提醒对方的错误，对方将会感激在心，并乐意按你的建议去做。

十六、激发对方高尚的动机

一个人做任何事，通常有两种理由：一种是动听的，另一种是真实的。我们大都是理想主义者，总喜欢听到那个动听的动机。所以，要改变人们，就需要激起他们“高尚的动机”。超越对手的欲望、挑战，这才是激励人精神的绝对可靠的方法。激励工作最强有力的因素是什么？是工作具有刺激性？是钞票？还是良好的工作条件？都不是。激励人们工作的主要因素之一，正是工作本身。

十七、批评对方前先谈你自己的错误

如果批评者在谈话刚开始时就先谦逊地承认自己不是无可指责的，然后再指出别人的错误，那么情形就会好得多。一个人即使还没有改正自己的错误，但只要在谈话开始时承认了自己的错误，就有助于帮助另一个人改变其行为。

十八、建议而不是命令对方

建议别人，而不是强硬地命令对方，不仅能维持一个人的自尊，给他人一种自重感，而且能使他们更乐于合作，而不是对立。向对方问一些问题，不但能接到一张订单，更能激发对方的创造力。即使身为长者或上司，也不能用粗暴的态度对晚辈或下属说话；否则得到的不是合作，而是激烈的对抗。

十九、给对方留面子

让别人保住面子是很重要的交往礼仪，而我们中却极少有人能够想到这一点。几分钟的思考、一两句体贴的话、对对方态度的宽容，对于减少对别人的伤害都大有帮助！假使我们是对的，别人是错的，如果我们尖锐地批评他们的话，也会因为使他们失去颜面而毁了他们的自尊。

二十、送给对方一个好名声

如果要在某方面改变一个人，就必须把他看成早就具备这一方面的杰出特质。莎士比亚说："假定一种美德，如果你没有，你就必须认为你已经有了。""人要是背了恶名，不如一死了之。"给他一个好名声——看看会有什么结果！他定会努力保全别人给予他的好名声。如果你想成为一位受人欢迎的说话高手，就请送给对方一个好名声，让他为此而努力奋斗。

二十一、让别人乐意接受你的建议

给人以名誉和头衔，能让你成为受人欢迎的说话高手。即使想拒绝别人的邀请，也不要过于直接，而要先感谢对方一番盛情，并让某人代替你，那么对方在遭到拒绝时，心里也会很舒服。如果你想让别人接受你的意见，你得先说出别人会从中获得什么利益，否则没有人会听你的。

番外：NSA令人咋舌的招聘程序

如今的美国国家安全局已经尽量在改掉自己严肃、不苟言笑的习惯，在不断地顺应年轻人的思维方式。

不信来看一下一名刚刚通过初审的数学本科生的面试经历。

在向美国国家安全局公布的邮箱投过简历之后，他很快便接到了通知筛选结果的电话。幸运的是他通过了，接下来就是到国家安全局的总部进行正式面试。

他的第一天是这样度过的：

首先，美国国家安全局提取了他的指纹，并要求他填写了厚厚的一沓“个人履历调查表”，表中所列问题十分详细，包括过去10年中的居住地、外出旅行和其他各类活动等情况。“填写之前，我得好好地想一想我是不是真的想要填这份表。”他说道。接下来，他被召到米德堡，在一名工作人员的陪同下，顺利地通过了面试的考验。好在这位陪同人员也是一位数学同行，他扮演了同伙的角色，以一种坦诚的、非正式的方式回答了各种问题，还偶尔向他介绍该机构的各种情况。这位候选人惊讶地发现，面试他的每一位官员对他的简历都了如指掌，连他成绩单上的各项分数都一清二楚。“这种事我以前从未碰到过。”他说。

接下来面试他的是数学培训部主任。主任向他介绍了申请人必须完成的为期3年的培训计划，开始是到国家密码学院学习很长一段时间。他和另外约40名新应聘的人要把高等数学快速复习一遍，然后深入研究数学中有关密码的内容。这些人当中，有的刚刚大学毕业，有的已获得博士学位。通常情况下，课程安排是每天先听2个小时的课，然后进行6个小时的研究。那位官员办公室的一面墙上挂着一排正在接受培训的3个班的学生的照片。

候选人经过面试并提交各种文字材料(如推荐信)之后，他或她的名字就被送到由24人组成的“数学人才招聘委员会”。在该委员会的一次月会上，委员们对候选人进行讨论并投票表决。他们从不征求陪同人员的看法，也不询问陪同人员与候选人谈话的内容。投票结果，同意或者不同意，会立即通过电子邮件发出。最终确定下来的那些人——近几年来，每年2000多名申请人中约有100人——被有条件地聘用。接着，他们开始在该机构4层楼的机场广场大厦办理手续，这座大厦坐落在好几英里以外的FNX大院。在那里，新聘人员填写各项表格、进行体格检查。

第二道关卡就是个人背景调查。

所谓的“个人范围背景调查”在美国国家安全局内部又被称为“特殊背景调查”，内容包括一项“全国性机构调查”——全国所有调查机构对个人不良历史的调查，出生记录、个人身份都要核实。最后，还要对过去10年的学习、工作经历、信用记录、地方法院记录等情况进行调查，还要按照所列地址向其邻居调查当事人过去10年内有无恶劣行为。

个人范围背景调查完成之后，调查结果被送回美国国家安全局评估。

第三道的测谎更让人心惊肉跳。

在那些窄小封闭的办公室里，美国国家安全局的几十位持证测试专家中有一位负责监视那些高低起伏的图像。他们所提的许多问题，都来自个人范围背景调查的结果。测试专家关注的，是各个相关基线图上的重大变化。这些变化大到呼吸突然停止或血压急剧上升，小到皮肤阻抗的轻微下降。

毫无疑问，测谎检查是美国国家安全局招聘程序中最恐怖的一幕。“测谎！这个词就足以使你毛骨悚然。”美国国家安全局《业务通讯》中的一篇文章开头就这么说。测谎测试至今仍然是整个招聘程序中最为重要的一部分。根据美国国家安全局的一项研究显示，对申请人的安全可靠度进行评估时所用的材料78%来自测谎测试报告，只有22%来自背景调查。

与此同时，所有员工每五年还要进行一次测谎测试复查，内容也主要是与反情报有关的问题。还有一些测谎测试计划，即进入特殊部门的测试，是专门为那些将要承担美国国家安全局内绝密任务的人员而设置的。接受这项测试的人既要回答反情报方面的问题，在某种情况下还要回答“相关性的”、适合个人身份的问题。

到了1982年，美国国家安全局又实行了一项可怕的政策——计划外的“不定期”反情报测谎测试检查。这种检查既是为了找出间谍，也是为了寻找无意中泄密的人员。根据安全办公室主任所写的一份备忘录，拒绝合作的文职人员将面临解聘的危险。美国国家安全局的一位高级官员说，该机构曾要求司法部调查泄密事件，在20世纪80年代的前五年，这类事件每年大约有4起。

接下来，到美国国家安全局申请工作的人，还要接受一连串的心理测试，最后才能确定他们能否被录用，能否接触该机构的绝密材料。90%的申请人还要接受一位临床心理学家的面试。

申请人的测谎测试、心理测试和实地调查等所有材料汇总后，被提交给由人事、医务和安全等部门的代表所组成的美国国家安全局“申请人审查委员会”。该委员会根据该机构所谓的“完人”原则，对每一位申请人进行审查，然后举手表决通过，或者将材料交给人事部主任，并由他发出“遗憾通知书”。

在整个面试过程中，申请人有两天活动时间，第二天主要是听取各方面的简要介绍，其中包括一次安全简介和一次非保密性工作简介。一些最有希望被录用的申请人可以到工作区兜一圈，如果让他们参观工作区，就需要提前对整个工作区进行清理——必须转移所有的秘密材料。

以上就是这个神秘机构令人咋舌的招聘程序。只要上述考验没有问题，那么美国国家安全局几乎会大度地欢迎每一个对它怀有敬意的“天才”。

第三课

从NSA与“克格勃”的较量

——学习如何打败竞争对手

许多人都认为，在世界间谍机构中唯有前苏联的克格勃堪与美国国家安全局媲美。正因如此，两个超级间谍机构往往会斗个“你死我活”，除了互相窃听外，还互相安插“鼹鼠”，又或者在公开场合互相诋毁。

撇开政治因素不谈，从这些政要们的博弈中，我们可以学到很多攻心术的要领，也可以明白，政要人物尚且有着“人性的弱点”，何况我们，所以，一时的失败算不了什么。NSA攻心术的优秀之处在于，它是一门长盛不衰的学问，只要坚持不懈，我们总是有机会赢得自己的胜利。

克格勃
——找到对方的死穴，就能成功攻入“堡垒”

从1945年到1953年，克格勃窃听美驻苏大使馆的一项间谍行动持续了整整8年。这项成功的窃听行动是前苏联特工多年来引以为豪的惊世之举。

雅尔塔会议上，斯大林、罗斯福和丘吉尔三位巨头上演了一出面和心不和的好戏，会后三个人亲如兄弟的合影留念就是最好的证据之一。有关专家分析说："克格勃的'金唇行动'让斯大林的微笑成了最迷人的'毒药'。"

看看这个世界间谍史上的经典之作，我们可以学会很多攻心术的技巧——

1.前苏联的"金唇行动"——让美国总统上当的"攻心术"

1945年2月，世界三大政治巨头斯大林、罗斯福和丘吉尔在雅尔塔会面。克格勃认为这是实施"金唇行动"的绝好时机，关键问题是如何将美国大使卡里曼从莫斯科引到克里米亚。

前苏联特工制定出一整套诱引方案。2月9日，前苏联宣布在黑海之滨举行"阿尔台克全苏少先队健身营"开营典礼，并以前苏联少先队员的名义，向罗斯福总统及丘吉尔首相发出敬请光临的邀请。少先队员们在请柬中用尽动听的词句，诚挚感谢两位政治家在战争期间对前苏联人民的帮助。

克格勃预想，宣扬"平等与博爱"的美国人绝对不会拒绝孩子们的邀请，但是百忙之中的美国总统和英国首相又不可能应邀而来，委派其他官员前来参加也并不合适，最合适完成这一使命的非两国驻苏大使莫属。果然不出前苏联特工所料，美国大使卡里曼与他的英国同行如期从莫斯科赶到黑海之滨出席开营典礼。

乐队奏响美国国歌，前苏联少先队员用英语合唱美国国歌，开营典礼进入了高潮。卡里曼大使完全沉浸在孩子们纯真稚嫩的歌声中，应有的戒备与警惕被欢歌笑语所淹没。恰恰在这一时刻，四名前苏联少先队员抬着一枚精美绝伦的巨大木制美国国徽走到卡里曼大使面前。

斯大林私人翻译瓦列里·勃列日科夫马上向贵宾们翻译这枚国徽的做工及用料是如何讲究：这枚美国国徽是由名贵的紫檀木、黄杨木、红杉木、柔美棕、波斯帕罗梯木、红木及黑木拼装而成。

前苏联工匠高超精湛的制作工艺使这位见多识广的美国外交官情不自禁地发出惊叹："天哪！我简直不敢相信自己的眼睛。我把它放哪儿最合适呢？"

勃列日科夫不失时机地低声对卡里曼说："就把它挂在您的办公室，英国人肯定会嫉妒得发疯。"

于是，从1945年2月起这枚内藏前苏联克格勃"金唇"窃听器的美国国徽就被悬挂在了卡里曼办公室——可见，任何攻心术都离不开"好印象"。正是前苏联特工制造的"好印象"，使得精明的美国人"挂万漏一"，上了大当。

那么，如何快速赢得对方好感？或者让原本有所防备的人放松警惕？这就需要利用一些心理学效应。

利用近因效应

近因效应是指在多种刺激一次出现的时候，印象的形成主要取决于后来出现的刺激。

生活中是否注意过这种事情：某人犯了一个错误，人们便改变了对这个人的一贯看法。某人因做了一件有意义的好事，人们就认为他是浪子回头金不换，以前的不好都随之而去，从此对他刮目相看；在朋友交往中，有时多年的友谊会因一次小别扭或误会而告终；夫妻之间吵架，一气之下，可能全忘记了对方过去的好处和恩爱，只想着离婚……这些都是心理学上的近因效应在起作用。

曾国藩有一个有趣的故事，可以作为近因效应的引证。

曾国藩在最初和太平军的交锋中，一直处于劣势，于是在奏折中称自己"屡战屡败"。但他幕下的一个师爷看了说，不要这样写，而是将四个字的位置调动了一下，变成了"屡败屡战"。

曾国藩恍然大悟，把奏折改了过来，交了上去，结果一个“常败将军”变成了败而不馁、坚韧不拔的“英雄”。

近因效应还有一个表现就是，最后一句话决定了整句话的调子。比如，老师跟学生说“总能考上一个学校吧，虽然录取率那么低。”或者说“虽然录取率那么低，总能考上一个学校吧。”这两句话的意思是一样的，只因语句排列的顺序不同，给人的印象却全然不同。前者给人留下悲观的印象，后者则给人乐观的印象。

在日常的人际交往中，我们对他人最近、最新的认识占了主体地位，掩盖了以往形成的对他人的评价，因此，近因效应也称为“新颖效应”。

近因效应实际上包含着人类喜新厌旧的本性。生活里，我们总是谴责喜新厌旧的人，认为他们的行为是不道德的。然而，很多人都有“喜新厌旧”的习性——比较重视“新”的信息，而不太重视旧的信息。

这提醒我们，人际关系是需要“保鲜”的，尤其是夫妻之间。

贺岁大片《手机》里有句流行一时的台词：“在一张床上睡了20年，难免会有一些‘审美疲劳’。”不管当初如何恩爱、如何甜蜜，如果不能经常保持新鲜感，近因效应会使我们忘记对方过去的好，而产生移情别恋的可能。

新近的信息比以前得到的信息对于交往活动有更大影响，突然的一个信息会使人们早已习惯的认识和印象发生质的飞跃。比如，张娟和郭珊珊是同时进入公司的新同事，俩人对彼此的第一印象都很好，脾气相投，背景学历相当，对问题的看法和角度都很相似，俩人慢慢成了好朋友。

日子一天天过去，俩人也是越来越有默契，友谊之树在慢慢成长。但是最近，在闲谈中，张娟发现郭珊珊的一些话语和以前告诉她的不一样，前后矛盾。于是心中犯疑，对郭珊珊以前的一切友好印象都打上了问号，认为她是个不真诚的人，从此以后对她说的任何话都不相信了。

那么近因效应是否和第一印象互相矛盾呢？

其实,它们并不矛盾,各自有着适用的范围。心理学家告诉我们:在与陌生人交往时,第一印象影响较大,而在与熟人交往时,近因效应则有较大影响。这就提醒我们,在人际交往中,不能依靠吃老本,要时刻注意近期的表现,时刻注意保持已经树立起来的形象。

平时在和老朋友的交往中,每一次都要认真对待,特别是最后几分钟的音容笑貌。由于是老朋友,就没有什么第一印象可言,而到底哪一次交往能发生近因效应,却是无法预料的。只要有一次表现得有点异样或特别,那么,过去的表现就会大打折扣甚至一笔勾销。因此,每一次交往都得小心行事,不能因为是老朋友就“忘乎所以”。

利用首因定律

在生活中,每个人都会对“第一”情有独钟,你会记住第一任老师、第一天上班、第一个恋人等等,但对第二就没什么深刻的印象。这是“首因定律”的表现。

有位心理学家撰写了两段文字,讲的是一个叫吉姆的男孩一天的活动。其中一段将吉姆描写成一个活泼外向的人:他与朋友一起上学,与熟人聊天,与刚认识不久的女孩打招呼等。而另一段则将他描写成一个内向的人。

研究者让有的人先阅读描写吉姆外向的文字,再阅读描写他内向的文字;而让另一些人先阅读描写吉姆内向的文字,后阅读描写他外向的文字。然后请所有的人都来评价吉姆的性格特征。结果,先阅读外向文字的人中,有78%的人评价吉姆热情外向,而先阅读内向文字的人,则只有18%的人认为吉姆热情外向。

人们在不知不觉中,倾向于根据最先接受到的信息来形成对别人的印象,这就是第一印象的作用。第一印象又称为初次印象,指两个素不相识的陌生人第一次见面时所获得的印象。那么,第一印象真的有那么重要,以至于在今后很长时间内都会影响别人的看法吗?

一个新闻系的毕业生正急于寻找工作。一天,他到某报社对总编说:“你们需要一个编辑吗?”

“不需要!”

“记者呢?”

“不需要!”

“那么排字工人、校对呢?”

“不,我们现在什么空缺也没有了。”

“那么,你们一定需要这个东西。”说着他从公文包中拿出一块精致的小牌子,上面写着“额满,暂不雇用”。总编看了看牌子,微笑着点了点头,说:“如果你愿意,可以到我们广告部工作。”

这个大学生通过自己制作的牌子,表现出了机智和乐观,给总编留下了美好的“第一印象”,引起对方极大的兴趣,从而为自己赢得了一份满意的工作。并且,因为良好的第一印象,总编一直对他印象颇佳。由此可见,第一印象真的很重要!

人们形成的某种第一印象,通常难以改变,而且,人们还会寻找更多的理由去支持这种印象。有的时候,尽管表现的特征并不符合原先留给别人的印象,人们在很长一段时间里仍然要坚持最初评价。第一印象在人们交往时所产生的这种先入为主的作用,被叫做首因定律。

心理学家认为,第一印象主要是指一个人的性别、年龄、衣着、姿势、面部表情等“外部特征”。一般情况下,一个人的体态、姿势、谈吐、衣着打扮等都在一定程度上反映出这个人的内在素养和其他个性特征。

无论你认为从外表衡量人是多么肤浅和愚蠢的观念,但社会上的人们每时每刻都在根据你的服饰、发型、手势、声调、语言等自我表达方式在判断着你。无论你愿意与否,你都在留给别人一个关于你形象的印象,这个印象在工作中影响着你的升迁,影响着你的自尊和自信,影响着你的幸福感。

使用敬语和谦词

平常说话有许多口头“敬语”,可以用来表示对人的尊重之意。“请问”有如下说法：借问、敢问、请教、借光、指教、见教、讨教、赐教等；“打扰”有如下词汇：劳驾、劳神、费心、烦劳、麻烦、辛苦、难为、费神等。

如果在语言交际中记得使用敬语和谦词，相互间定可形成亲切友好的气氛，减少许多可以避免的摩擦和口角。

有一位服务于某大型电脑公司，担任系统工程师的职员。他在公司已服务六年，技术优秀并很关照晚辈，上级对他也另眼相待。但他却在一次与客户的交涉中，犯了意想不到的大错误。

某客户买了这家公司的电脑，而召集员工听该电脑公司的人讲解。这位系统工程师极认真而详细地解说电脑的操作和内容。在说明会的休息时间，他前往洗手间，要洗手时才发现没有洗手用的香皂。他看见隔壁放着一块，但正好有一位老人在用，这位工程师由于赶时间，并未向老人打声招呼就径自伸手将香皂取过来用，然后在隔壁随便抓把卫生纸擦手，就匆匆走出去。

那位老人对这位工程师的所作所为很生气，认为不招呼一声就随便用别人位子上的东西，是很不礼貌的行为。而这位老人正是这家客户公司的董事长。

“这么不懂礼貌的人，是哪家公司的人？”

这位董事长一询问，知道他是电脑公司派来说明的工程师，使得原来要成交的电脑被退了回去。这么一来，电脑公司也开始调查原因。电脑公司总经理特地到这家公司谢罪，但还是无法挽回工程师所造成的恶果，工程师也因此引咎辞职。

这个本来很有前途的优秀工程师，若能在洗手时多说一句“对不起，让我先用一下”，整个情形都将改观。由此可见，短短的一句话，也是不容轻视的。

倘若经常觉得“这种小事不说也无妨，对方一定会知道的”或认为“芝麻小事，不说也罢”，这就错了。自己这样想，对方是不是也这么想呢？所以，虽然是芝麻小事，仍是要经由嘴里讲出对方才能明白、谅解。

虽然电脑公司的人前去对生气的董事长道歉，但并没有缓和彼此间的气氛,反而加深彼此间的裂痕,这样的例子并不少见。

前去道歉的人,心里总是难过,头也是垂下的。道歉之前,总想先解释原因,结果往往忘了说几句对不起,反而更引起对方的不满。所以去道歉的人,看到对方马上要先说:“真对不起,我错了。”然后再说明原因也不迟。在说明时,也不要忘记强调歉意,并说“真的很抱歉”,“你所说的很有道理。”或说“我了解你的意思。”

听对方说话时,在必要时候,还要点头附和,这样对方的火气才会降下来,并通过这次会谈使彼此之间变得和谐。在这种与人交涉方面很能干的人,在公司容易受上级看重,并受客户欢迎。

清爽的形象为你加分

大家都了解第一印象的重要性,而研究发现,50%以上的第一印象是由外表形成的。你的外表是否清爽整齐,是让身边的人决定你是否可信的重要条件,也是别人决定如何对待你的首要条件。

心理学家做过一个试验:分别让一位戴金丝眼镜、手持文件夹的青年学者,一位打扮入时的漂亮女郎,一位挎着菜篮子、脸色疲惫的中年妇女,一位留着怪异头发、穿着邋遢的男青年在公路边搭车,结果显示,漂亮女郎、青年学者的搭车成功率很高,中年妇女稍微困难一些,那个男青年就很难搭到车。

这个故事说明:不同的仪表代表了不同的人,随之就会有不同的际遇。这不仅仅是以貌取人的问题。

媒体策划专家有一句名言:要给人好印象,你只需要7秒钟。通过大量的分析,研究者们得以成功描绘出影响第一印象形成的因素:第一印象的形成有一半以上与外表有关,不仅是一张漂亮的脸蛋就够了,还包括体态、气质、神情和衣着的细微差异;大约40%的内容与声音有关,音调、语气、语速、节奏都将影响第一印象的形成;只有少于10%的内容与言语举止有关。

并不是所有人都长得美若天仙或是英俊非凡，但每个人都可以做到干净整洁。油性皮肤者一定要注意脸部和头发的干净清爽,干性皮肤者则要避免脸上出现令人不快的皮屑。然后就是衣着是否整洁得体，你的衣服表明你是哪一类人，它们代表着你的个性。一个和你会面的人往往不自觉地依据你的衣着来判断你的为人，所以有句话叫“人靠衣装”。

服饰只有与穿戴者的气质、个性、身份、年龄、职业以及穿戴的环境、时间协调一致时，才能真正达到美的境界。得体的穿着讲究要和人本身的身材年龄性格和谐，同时也讲究和场合的和谐，在不出错的基础上再讲究搭配的技巧。平时应该多浏览一些时尚杂志或网站，根据自己生活和工作的需要，有技巧地打扮，让自己赏心悦目。

2.NSA——短板和避雷针，反攻的两大因素

别看美国人在前面的较量中吃了亏，但美国国家安全局也不是省油的灯，他们的特工也充分利用驻苏使馆这个前沿阵地进行窃听。在美国国家安全局的电子情报库里，有关赫鲁晓夫私生活、柯西金与家人的谈话、勃列日涅夫在轿车中的私人电话等录音，可以说是应有尽有，并在这些窃听过程中打了一系列漂亮的翻身仗……分析美国的“翻身仗”，有两条原理尤为重要，不可不记。

第一，一定要舍得投资，有条件要上，没有条件制造条件也要上

美国用厚礼拉近了与戈氏的关系，并在自由世界里树立起自己可靠且勇敢的形象。

这说明了博弈的第一要诀，一定要舍得投资。有条件要上，没有条件制造条件也要打造形象来包装自己，只有树立自己的形象，才能赢得支持。

第二：用自己的“长处”去拼对方的“短板”

一个木桶能装多少水，不是由那些长板决定的，而是由那块最短的板决定的，这就是经济学上的“短板原理”。

用到一个人身上，短板就是指致命的缺点或弱点。譬如说，一个人

哪儿都好，有能力有水平，可就是沉溺于赌博，那么决定他命运的就不是“哪儿都好”的长板，而是赌博这块短板，他最终身败名裂，可能就是因为这块短板。这种例子举不胜举。譬如，一旦好色成了人生短板，有些领导干部就可能英雄难过美人关，成了美色的俘虏。

在一个高楼林立的地区，虽然每座楼房都安有避雷针，但真正和雷电接触能起到避雷作用的，是那根最高的避雷针，其他避雷针基本都是摆设，这就是电学上的“避雷针原理”。如果用来比喻一个人，最高的避雷针就是指他最突出的特长，最有效的谋生手段。

一个多才多艺的人，如果没有一项最能拿出手的技艺，他的多才多艺就只能是漂亮的点缀，没有多大实际用处。飞人乔丹虽然能打高尔夫球、网球、棒球、台球，但他清楚只有篮球才是自己“最高的避雷针”，所以，他竭尽全力练成“一览众山小”的篮球技艺，成了篮球界巨星。时下有些演员，号称“四栖明星”，能演戏、会唱歌、能主持、还能当模特，结果哪一项都不拔尖，出道多年，仍红不起来。有的演员则不同，人家不唱歌、不当主持、不干模特，就一门心思琢磨演好戏，塑造好银幕形象，年纪轻轻就成了国际巨星，说到秘诀，就是她(他)有一根“最高的避雷针”。

可见，一个人，不论干什么，要想获得成功，就一定要明白什么是自己“最高的避雷针”。分清楚什么是业余爱好，什么是一生事业，把那根“最高的避雷针”尽量做得越高越好，争取能“一招鲜，吃遍天”。至于其他方面，能兼顾固然好，兼顾不到就要毅然放弃，有所不为。

人非圣贤，人人都可能有“短板”，却未必人人都有“最高的避雷针”。因而，一个真正聪明睿智的人，应当尽量补齐自己的“短板”，如果实在不能补齐，也要始终对其保持警惕，遏止其发展，千万不要让其成为导致自己人生失败的致命缺点。另一方面，则要竭力打造自己“最高的避雷针”，争取练就一招制胜的“撒手锏”。不必事事处处和别人比长短，而只在自己最突出的长项、技术、专业上争高下；不要当行行通行行松的“万金油”，而力争成为某一行业的专家、内行、权威。果真如此，“短板”不短，“避雷针”又极高，成功的大门便会一叩即开。

20世纪最神奇的间谍大师教你攻心术

苏联间谍鲁道夫·阿贝尔(1902~1971年)是克格勃上校,有"当代王牌间谍"之称。他深通谍术,善于伪装,装什么像什么,成功地扮演了各种不同角色,西方谍报机关称他为"千面人"。他在掩护自己间谍身份方面所取得的成功,一直被作为教育和培养间谍新手的教材。

1.制止"旋风"——间谍大师教你随机应变术

阿贝尔最著名的应变就是"旋风计划",成功地审时度势消灭了破坏分子。时至今日,我们当然不需要像间谍那样"老谋深算",但是人在江湖,一定要谋划一种新的应变策略,一方面要使自己不失尊严,另一方面又要让事物按照既有的轨道发展下去。

把握全局兼顾局部

"不谋全局者,不足谋一域。"领兵驭将,要做出大的战略决策,就必须在把握全局中运筹局部, 从而导演出许多有声有色威武雄壮的活剧来。自古以来,能够纵观全局的人,大多能够放弃个人一时一地的得失,从全局角度考虑问题,所谓"不畏浮云遮望眼,只缘身在最高层"。诸葛亮在《隆中对》中向刘备提出西占荆益两州,东联孙权,北抗曹操,南和诸夷的建议,就是从宏观上谋划而做出的正确战略决策,从而使走投无路的刘备重整旗鼓、"鼎足三分",被后人传为美谈。

今天,一名高级指挥员更要善于从大处谋划,处处着眼全局,才能关照全局,正确决策,驾驭整个形势的变化发展。如果游离于全局之外而谋局部之事,难免要碰钉子。

谋之深,就是见微知著,迅速做出反应和对策。月晕而风,础润而雨。战争与其他事物相较，具有较大的偶然性和不确切性，但它的发生也总是有征候可寻、端倪可察的。作为战场上的运筹者，只有具备超常的洞察力，见微知著，迅速做出正确的反应，才能攻必取，战必胜。齐鲁长勺之战，曹刿从齐军旗靡辙乱，看到军心涣散、军旅不整而溃逃，敦促庄公做出追击的决策，以至大获全胜。

谋之深，亦即看得清，从现象把握本质，不为种种假相所迷惑。俗话说："见日月不为明目，闻雷霆不为聪耳。"领兵打仗，无明几知微之功，待情迹昭著才下决心，必定较少作为，难上"名将谱"之列。

修筑兖州景灵宫时，王旦作朝修使，内臣周怀政与他一起前往。凡有人趁他空闲时请求谒见，王旦必然要等到随从都到齐了，才穿戴整齐，出来在公堂上接见，事情一说完，就马上退堂。后来周怀政因犯过失而遭处罚，才知道王旦的深谋远虑。

唐代李佑，官做到右龙武统军，许多公卿都想要他的女儿做儿媳，都被李佑一一拒绝了。一天，李佑将所有幕僚都召集聚会，声称他将在宴会上选女婿，众人议论纷纷，猜测他必然是选一个名门贵戚的子弟。等到入宴却不见动静。酒喝到一半，李佑拉着最末尾座位上的一个军官，对他说："我知道你还没有结婚，请允许我将小女的终身托付与你。"并即席举行了婚礼。

后来，有人询问他这样做的原因，李佑说："我每每看见那些缙绅之家，总是与名门望族结婚姻，其实他们的子弟长期沉溺于奢侈淫糜，大多没有善终。我凭借自己的军事谋略得到爵位，自己的女儿何必非要去攀附高门而博取虚假的名望呢？"听的人都认为这是真知灼见。

司马光说："媳妇一定要那些家境不如我的，女儿一定要嫁给家境胜过我的。媳妇的家境不如我家，就知道勤俭朴素；把女儿嫁到胜过我的人家，就知道畏惧严谨。"这些话在当时可谓名言。然而看李佑如何选择女婿，司马温公的话就有些偏颇了。

历史是不能割断的，观察一个人，不只要看他现在的所作所为，也要联系他过去的历史，才能对其有较全面、深刻的认识。

人们的所作所为，决定于其思想、品格及其所追求的目的，这也决定了他的发展方向。至于他发展的方向是吉是凶，主要取决于其自己和客观的存在。明智的人能联系所料之人的过去、现在以及客观存在分析，以预将来。

“不谋万世者，不足谋一时”，这一应变之谋要巧用、善用，还需认真学习历代人如何用谋，只有了解历史，才能谋好现在，谋划未来。

要会设置台阶让人就坡下驴

在领导工作中，常常遇到劝解上司不当反而遭到斥骂的现象。人要脸，树要皮，上司是众人之领导，你劝词不当，他(她)的面子往哪儿搁呢？为此，有必要计谋一种新的进谏策略，一方面使领导者不失尊严，另一方面又能让他(她)顺势走下台阶，接受劝谏。

《三国演义》中，关羽和刘备失散，被曹兵困于一座山头上，曹操派大将张辽去劝降。张辽与关羽过去有交情，深知关羽耿直、傲慢的秉性，要说服这类英雄，只有给其准备好台阶，让他顺势下坡。

张辽单骑上山见到关羽，先叙旧情。当关羽声言以死相拼时，张辽断然警告关羽：“你若战死，将有三个罪过！”

关羽大吃一惊，急问有哪三个罪过？

张辽正言道：“你当初与刘备桃园结义，发誓同生死，现在刘备刚战败你就战死，将来刘备东山再起时，却得不到你的帮助，不是有负当年誓约吗？这是第一个。第二个罪过，刘备把家眷托付于你，你虽战死，然刘备家眷被俘，生死未卜，你又于心何忍？即使死，也死得遗憾，并未尽忠尽责，问心有愧。”

关羽听后，一时低下头来。

张辽接着说：“第三个罪过，你武艺超群、兼通经史，不图协助‘汉室’，却想死拼硬战逞匹夫之勇，你算不上一个忠义之士。”

关羽想到要匡复汉室，自己却出征未捷身先死，实在有负汉室的重望，心中寻思，大丈夫能屈能伸，何不寻求新的出路。

张辽抓住机会进言道：“现在四面都是曹公的兵，若不降则只有战死，而死又毫无用处，你何不暂时归顺曹公，待机再找寻刘备，匡复汉室，同时也保全了刘备家眷的性命，自己命贱但刘备家眷命重啊！”

经张辽这一分析，关羽心有所动，想到一时受降虽然面子有失，与大名鼎鼎的关云长英名不符，但一可保全刘备家眷性命，二不违背桃园之约，三可留有容身之处。思前想后，还是暂时受降曹公。

张辽以叙旧为先导，抓住关羽心理，层层深入，反复论证，终使关羽受降，可谓说技不凡；相反，如果张辽直言劝降，或者以武力、以死相逼，势必遭到关羽辱骂，一旦失手，则会以死相拼，最后闹个鱼死网破，实不划算。

设置台阶法的关键是台阶的设置要巧妙。要使对方感觉到高低大小正合适，其潜台词最好不要说破。

张辽有意给关羽受降设一个台阶，说了一大番话，无非是暗示关羽：并非你关羽不武勇，斗不过曹兵曹将；也不是你关羽怕死，忘记了忠义，屈服曹操；之所以要暂时受降，完全是为了刘备的利益，完全是为了兴汉室的长久之计，完全是因不得已而为之。而武勇、忠义正是关羽所在乎的，为此，他确实敢与曹军拼死。张辽很会投其所好，在当时情况下，这个台阶很合适，使关羽感到心虽戚戚，可面子上还是说得过去，顺势而下，也不至于太掉价，故能接受。如果张辽明明白白地把台阶搬出来，把理说白，那效果就大不一样了。

所以，不管是劝解领导，还是劝解朋友，都要顾全其脸面，为其设置一个恰当的台阶，让其就坡下驴，愉快地接受你的见解和主张。

自制力强才能成就大事

“忍人之所不能忍，方能为人所不能为。”这是古代圣哲对身为领袖者所提的要求，目的是为了检验领导者的自我控制能力。受人胯下之辱而忍之，是这种自控能力的典型事例。

汉初名将韩信年轻时家境贫穷，他既不会溜须拍马、做官从政，又不会投机取巧、买卖经商，整天只顾研读兵书，最后连一天两顿饭也没有着落。他只好背上家传宝剑，沿街讨饭。

有个财大气粗的屠夫看不起韩信这副寒酸迂腐的书生相，故意当众奚落他说："你虽然长得人高马大，又好佩刀带剑，但不过是个胆小鬼罢了。你要是不怕死，就一剑捅了我；要是怕死，就从我裤裆底下钻过去。"说罢双腿架开，立了个马步。

韩信认真地打量着屠夫，想了一想，竟然弯腰趴地，从屠夫裤裆下面钻了过去。街上的人顿时哄然大笑，都说韩信是个胆小鬼。

韩信忍气吞声，闭门苦读。几年后，各地爆发反抗秦王朝统治的大起义，韩信闻风而起，仗剑从军，争夺天下威名四扬。

韩信忍胯下之辱而图盖世功业，成为千秋佳话。假如，他当初争一时之气，一剑刺死羞辱他的屠夫，按法律处置，则无异于以盖世将才之命抵偿无知狂徒之身。假如，他当初图一时之快，与凌辱他的屠夫斗殴拼搏，也无异于弃鸿鹄之志而与燕雀论争。韩信深明此理，宁愿忍辱负重，也不愿争一时之短长而毁弃自己长远的前程。从这个角度来讲，韩信是一个十分有自制能力的人。

作为领导者，要自制就得首先从提高自身素质出发。自身素质不高，忍耐力就不强，自制也难收到应有的效果。同时，在自制的过程中，也难免产生许多障碍。

如何才能跨越这些障碍，增强自制能力？

不妨从以下几方面去分析和体验。

1)来自目标不正确的障碍。这是控制中的最大障碍，需要通过跟踪调查，发现问题，当即提出调节措施，马上纠正，并且要越快越好。

2)来自确定标准不当的障碍。通过实验检验，在"质"与"量"两个方面可能会出现标准偏高或偏低，或者只注重"量"而忽视"质"的，一经发现，都要立即纠正。

3)来自规章不合理的障碍。通过实践检验，对不合理的规章制度要从实际出发，合理解决，既要体现严格要求的精神，又要切合实际，做到宽严适度，保证目标标准落实。

4)来自执行不坚决的障碍。对此，要在摸清下属思想状态和考核实际情况之后,针对存在的问题,既要坚持标准严肃执行法纪,又认真做思想教育工作,分别视情况予以处理。要把组织的纪律措施、经济措施和思想教育措施结合起来综合加以实施,以纠正组织涣散、纪律松弛、思想消极、工作拖拉等不良的状况,在处理时领导绝不能手软。

5)来自领导者自身素质方面的障碍。如有的领导缺乏魄力,不能随机果断地处理问题;有的领导有私心杂念,在认识的局限性方面造成偏见;有的领导有官僚主义,不能经常深入群众,听取群众意见。这是控制过程产生种种障碍的根源所在。因此,需要在提高领导者自身素质方面下功夫。

谨防对手的激将之法

人们都知海阔凭鱼跃，天高任鸟飞，却少有人知海不阔天不高之说。在现实生活中,客观环境往往不允许你跃,不允许你飞,所以要学会应变———退一步,则海阔天空。这方面的事例不少,其中较为典型的是下面这个历史故事。

《三国演义》中,孔明用激将法企图引诱魏将司马懿从坚守的城池中出来应战,而司马懿却凭耐性抑制自己,锲而不舍,使足智多谋的孔明败北,而司马懿在这场战争中胜利了。

众所周知，孔明的谋略是超凡出众的，他的激将法可说是得心应手。他在赤壁之战中就巧激周瑜,最终达到了动员吴主抗曹的目的;平定汉中时,孔明也曾两激黄忠,促使这位老将愈战愈勇,连胜敌军。孔明六次出祁山，就是为了与吴军联合抗曹，当时孔明急于在西线打开缺口,与吴军形成东西对垒之势。而这时曹军则采用东攻西守的策略,作为曹军西线战场的主将司马懿,却奉行坚守不出的战略。为了迫使魏军出战,诸葛亮决定再次采用激将法,以图激司马懿出战。

孔明对司马懿的激将法是这样的:先是多次令人到曹军阵前辱骂,但魏兵却采取“骂不还武”的办法,怎么也不出兵。孔明在急于求战中想得一计:“乃取巾帼妇人缟素之服,盛于大盒之内,修书一封,遣人送至魏塞。”司马懿对众启盒视之,内有巾帼妇人之衣,并有书信一封,信中写道："仲达既为大将，统领中原之众，不思披坚执锐，以决雌雄，乃甘窟守土巢，谨避刀箭，与妇人又何异哉！今遣人送巾帼素衣至，如不出战，可再拜而受之，倘耻心未泯，犹有男子胸襟。早与批回，依斯赴约。"司马懿看完信后，心中虽然大怒，却佯装笑脸说："孔明视我妇人耶！"随即收下礼物，并亲自重待来使。他毫不问及蜀军营中的军旅之事，却装出一付关心的样子，向来者打听："孔明寝食及事之烦简若何？"当他听到来使说"丞相夙兴夜寐，罚二十以上皆亲览焉。所啖之食，日不过数升"时，便对诸将道："孔明食少事烦，其能久乎？"从而更据守不出，蜀魏双方在渭水一带相持了百余日。结果，诸葛亮"星陨五丈原"，蜀军不得不撤回汉中，又一次使司马懿防御成功。

在这次战争中，处于进攻地位的蜀军，利于速战；处于防御地位的魏军，利于持久坚守，从而寻找战机，反败为胜。在双方进行的对抗中，贯穿着双方指挥者的战略战术思想和个人的意志、毅力的较量。司马懿受到蜀军的辱骂和孔明的激将法，没有大动肝火，没有因此忘却自己战略战术的目标，显得十分冷静，以持久坚守致胜。

2.利用矛盾，刺探潜特——间谍大师教你反间计

德国党卫军与盖世太保之间存在很多矛盾，这两个特务机构为了各自的利益，争权夺利，抢夺地盘，有时为了争功请赏，还互相拆台。利贝尔就充分利用他们之间的矛盾，展开情报收集工作，为前苏联收集了许多重要情报。

《孙子兵法·用间篇》说："用间有五：有乡间，有内间，有反间，有死间，有生间。"《三十六计》特别重视反间计，是很有道理的。的确只有反间计最需要大智大慧，最惊心动魄。下面的例子很好地说明了这一点。

墙角巧克力间谍大战几世

1971年，法国的一家化工厂即将研制成功一种新型的洗涤剂。这

时，一个美国人在巴黎的一些报纸上登出了一则醒目的招聘广告：本公司将在欧洲开设分公司，拟招聘8名高级化学工程师，报酬优厚，应聘者从速。法国的许多化工专家为这则诱人的广告所动，纷纷前往报名。经查阅应聘者名单，这个美国人惊喜地发现其中竟有8人参加了法国那家化工厂新型洗涤剂的研制工作。他借口应聘者众多，需要一个一个认真面试为由，分别同他们会面。这些化工专家为了显示自己的才能和知识，以博得美国人的赏识，都把自己掌握的技术情报和盘托出。经过面试，这个美国人从他们的口中分别套出了新型洗涤剂的部分配方和制造方法，再加以集中分析，便轻而易举地获得了新型洗涤剂的配方和生产流程。面试过后，应试者天天盼望着美国人寄来一纸应聘文书，但他们做梦也不会想到，那个美国人早已偷偷地溜回了美国。

不久，这种新型洗涤剂便首先在美国面世，并打入了国际市场。

商战中的用间与反间，都充分利用了公众的某种心理，或以利诱惑，或打着情义的旗号，干着偷窃的勾当。翻开世界巧克力食品工业的历史，就会看到，巧克力食品工业的发展史就是用间与反间的商战史。

巧克力糖几乎人人爱吃。据说，著名的法国皇帝拿破仑也对巧克力推崇备至。每次出征，他总要随从的副官带上大包大包的巧克力，遇到身体疲乏或者用脑过度时，就往嘴里塞上几块。

制造巧克力的主要原料来自可可树，这种树在中美洲和墨西哥南部最多。将可可树的种子晒干、去皮、磨成粉，便取得了制造巧克力的原料。古时墨西哥的玛雅人把可可树称为生命之树，每出生一个孩子，他们便要栽种一棵可可树，以祝福新生婴儿健康成长。他们认为，可可树果象征着人心，用它制成的食品是血液，能给人以旺盛的精力。

墨西哥人很早就掌握了制作巧克力的技术。印第安人最早吃的巧克力是用可可粉加上玉米、辣椒等搅和制成的一种糊状食物，带苦涩味，后来才加进糖和香草等调味料。14世纪时，巧克力由墨西哥独自拥有和经营，直属国家监管。当第一批西班牙殖民军到达墨西哥时，见当地人都津津有味地喝这种巧克力饮品，有人便尝了一口，刚喝进嘴里就又立即吐了出来，并大声喊叫，这只能喂猪。原来，当时的巧克力还没有加糖和香草。

1915年，西班牙骑士列戈以周游列国为名来到墨西哥。好客的墨西哥人见他风度翩翩，态度友好，就破例答应了他的要求，让他参观巧克力的生产过程。墨西哥人怎么也不会想到，这个道貌岸然的“贵客”原来是一个产业间谍，他成了西班牙第一个窃取墨西哥巧克力生产技术的人。他在窃取了巧克力的生产技术后，便偷偷地溜回了西班牙。

从此，巧克力的生产就在西班牙开始了，并很快成了西班牙新兴的食品工业，许多西班牙人因生产巧克力而发了财。这引起了欧洲其他国家商人们的垂涎，他们纷纷前往，想在西班牙“取经”。无奈，西班牙人对巧克力生产的技术始终守口如瓶。就这样，西班牙的巧克力生产技术，又成了欧洲各国产业间谍的重要目标。

在这场间谍战中，意大利人捷足先登。

1606年，他们用重金买通关节，窃取了西班牙巧克力的生产秘方，一举打破了西班牙对巧克力生产的垄断。英国的生产商也不甘寂寞，急起仿效，于1763年偷到生产配方，并大胆加以改进，生产出了奶油巧克力，使英国一跃成为巧克力大亨。

1800年，瑞士工业间谍又如法炮制，窃取到巧克力的生产技术，使自己变成了世界闻名的“巧克力王国”。同时，德国的厂商也偷到了巧克力的生产技术，并把巧克力制成糖出售，和瑞士等国展开了竞争。其后，日本也加入了这场巧克力间谍大战。

由巧克力引起的这场间谍战和贸易战断断续续连绵上百年，直到现在还没有停止。

1981年，瑞士超过了原联邦德国，向世界上100多个国家出售巧克力28万吨，成为世界上最大的巧克力出口国。在瑞士国内，每个人平均一年要消费巧克力10公斤，居世界第一。

为了保持巧克力生产和销售的霸主地位，瑞士吸取了前人的教训，以法律的形式明文规定，凡出卖经济情报(包括巧克力生产的技术)就是泄露国家绝对机密,要以叛国罪论处。

尽管法律规定森严,由于金钱的诱惑,当间谍出卖情报的还是大有人在。20世纪80年代初,前苏联不断向瑞士派遣产业间谍,想窃取瑞士的巧克力生产技术。

1982年,瑞士警方通过长期调查,终于抓住了前苏联派来的间谍的尾巴。他们在一家咖啡馆里设下埋伏,一举逮捕了一伙窃取巧克力生产机密的产业间谍,正准备向前苏联情报人员出卖40张巧克力配方的瑞士一家著名巧克力食品厂的两名职员当场被抓获。

巧借第三者插足达到谈判成功

当竞争双方势均力敌难解难分时;当一个弱者想与强者抗衡,企图小鱼吃大鱼的时候;当谈判双方陷入僵局,毫无进展时——谁率先赢得第三者的协助,谁就能把握取胜的机会。

美国石油大王洛克菲勒,起初财力、物力、人力十分有限,梦想垄断炼油和销售,可他不是亚利加尼德集团等其他石油公司的对手。

洛克菲勒的同伙人佛拉格勒颇有心计,建议道:"原料产地的石油公司在需要的时候才用铁路,不需要的时候就置之不理,十分反复无常,使得铁路上经常没生意可做。一旦我们与铁路公司订下合约,每天固定运输多少油,他们一定会给我们打折扣。这打折扣的秘密只有我们和铁路公司知道,这样的话别的公司只有在这场运价抗争中落荒而逃,整个石油产业界就成了我们的天下。"

洛克菲勒选择了铁路霸主之一、贪得无厌的凡德毕特为合作对象,最后双方达成协议:洛克菲勒以每天订60辆车的合同的条件换取每桶让7分的利润。低廉的运费带来销售价下降,进而使销路得到迅速拓宽。从此洛克菲勒飞黄腾达,向世界最大的集团经营企业迈进。洛克菲勒身为弱者,如果和亚利加尼德集团面对面竞争,必然弱肉强食,但他巧妙地借助第三者——铁路霸主的力量,以低廉的运价占据运输的优势,挤垮同行的竞争,实现了小鱼吃大鱼、垄断石油经济的愿望。

假如在交易中,有中间人介绍,那么尽量争取与他们的合作,最后必然取得圆满的结局。如有个公司所有人A先生经过银行介绍想以200万美元的价格把他的公司卖给B先生。

A先生声称：他刚找到一家可以免税的企业，准备全力经营那家企业，只好忍痛割爱把现在的企业卖给B先生或其它的人。又对B先生说，经营这家公司极为有利，前景又是如何如何好……

B先生经过仔细调查，发现这家企业已摇摇欲坠，向银行借了很多钱，如果公司卖不成，银行势必倒霉，所以B先生决定让银行做媒介给A先生施加压力。

B先生对银行说："依目前情况，这家公司顶多值50万美元，但A先生不会接受这个价，所以你必须帮助我和他好好谈谈，否则公司破产，你也会跟着遭殃。"

银行认为50万美元价格十分合理，于是从中撮和，最后生意谈成。

一般来说，中间人希望谈判顺利进行，否则他得不到分文佣金。利用这点，可设法从他那里套取消息，让他替你打先锋，使他成为你的同盟。

要记住：这些人对整个交易举足轻重，该给他们的佣金绝不要少。

番外："旋风"计划——间谍大师的杰作

早在1944年初夏，德国陆军参谋长克莱勃斯将军就伙同情报部门制订了一个"旋风"计划，目的是在前苏联纵深后方进行秘密破坏活动。首次打击将在喀尔巴阡山地区实施。在那个据点已集合好一支由30人组成的战斗小组，他们正在等待空投下来的德军指挥官施瓦茨堡上尉。

当天夜里，利贝尔来到负责国外活动的的特别作战部，该部由马尔策和克莱茨领导。马尔策要他到柏林的前一站——措森火车站迎接一个人。克莱茨告诉他，他要迎接的那个人不久将被派到俄国后方去，执行一项十分重要的任务，要求他好好接待。利贝尔开着辆小货车直奔措森车站。突然，车站遭到盟军飞机的轰炸，利贝尔赶紧奔向4号车厢，见到一个身穿国防军上尉制服的人,手里拿着一只很大的黑皮包。

他断定此人就是他要接的施瓦茨堡上尉。利贝尔悄声对他说:“旋风”!那个人一听站起身来,跟着利贝尔下了火车,直奔小货车。离开轰炸区后,利贝尔把车停下来,想看看坐在车后面的上尉怎么样了。可当他打开小货车后门时,发现上尉已经被弹片打死了。

利贝尔立即打电话给马尔策,告诉他措森站遭到轰炸,施瓦茨堡不在那里。这消息引起一片惊慌,因为施瓦茨堡的皮包里有“旋风—南方”行动计划,而他们那里没有人认识施瓦茨堡,手头又没有他的照片,这给寻找上尉带来很大的困难。

施瓦茨堡已经被炸死了,下一步怎么办呢?利贝尔开始紧张地谋划。利贝尔必须在几个小时内干完,因为要跟帝国保安队的特务们竞赛,他们也正设法弄清楚从德累斯顿来的施瓦茨堡上尉到底发生了什么事。

这个激动人心的夜晚,利贝尔是这样度过的:

空袭警报声在柏林上空尖叫着,利贝尔停下车。

在距离两排房子远的地方,有一个不大的报亭,四周全是树。这个报亭是利贝尔的信息中继站,卡尔是他谍报网的成员之一。

利贝尔向报贩卡尔买了一份报,卡尔从利贝尔那里接过一张折了两折的马克。

利贝尔悄声说:“这个,今天要发出去。”

然后利贝尔几乎是跑着回到自己的小货车,沿着荒凉、灰暗的马路开走了。在市郊一幢不大的房子旁边停下车,房子的主人是27岁的米歇尔,他和卡尔是利贝尔从事情报工作为数不多的得力助手之一。利贝尔和米歇尔即刻开始研究黑皮包里的“旋风—南方”计划。

这个计划是准备让一个德军破坏小组作为战俘,混在德军战俘队伍中。施瓦茨堡是这个小组的指挥官,但他应身着苏军中尉服装,佯装押送战俘的苏军军官。皮包里还装有伪造的公务证,上面的名字是维利斯·杜蒂斯,此外还有其他证件及地图,地图上几乎用看不清的记号记下破坏小组的行军路线和准备在沿途破坏的铁路、桥梁的标记。他们经过磋商，最后决定由米歇尔冒充施瓦茨堡上尉空投到前苏联境内。他的任务是空投后与前苏联境内安全部门配合，破坏“旋风—南方”行动计划，把这个行动小组一网打尽。事情商量妥后，他们把施瓦茨堡的尸体扔到轰炸现场，然后利贝尔匆匆赶回去向克莱茨和马尔策汇报。

利贝尔向他们叙述了措森车站所发生的事情后说，他相信，在混乱中，施瓦茨堡上尉未等接他的人到达就到柏林来了，因此建议在市里各餐馆旅店寻找。于是利贝尔和克莱茨开车在柏林马路上足足转了一个小时，最后在“大熊”歌舞餐馆门口停下，在那里他们找到了“上尉”。当他们找到“施瓦茨堡”上尉时非常高兴，“上尉”向他们诉说措森车站遭轰炸时的惨状，说，他好不容易搭上一辆卡车，凑巧这车是属于“大熊”餐馆的，因此来到这里。克莱茨告诉他，因行动计划有改变，非常遗憾，他必须立即离开餐馆，并要他和利贝尔去领装备。克莱茨则打电话给马尔策，约定两小时后在机场见面。

此时柏林的报贩卡尔正在给莫斯科发报，报告他们截获的“旋风—南方”行动计划内容，并告诉总部行动将在明天开始。同时，在喀尔巴阡山麓，在前苏联大后方，德国军事谍报局破坏小组的米科拉·斯克利亚尼也接通了自己的无线电台，站在他身旁的克里格尔中尉口授说：“我们准备迎接指挥军官。一切准备就绪。”

在机场上，马尔策上校和克莱茨与“施瓦茨堡”见面，并送这位“旋风—南方”小组指挥官进入机舱，飞机很快在东方消失。在返回的路上，克莱茨说起，现在在喀尔巴阡山暂时领导“旋风—南方”行动小组的克里格尔中尉认识施瓦茨堡。

听了这句话，利贝尔为之一怔，谁能想到这一情况？现在一切都成问题了。克里格尔一看来人，就会明白是个圈套，因为米歇尔不是施瓦茨堡——米歇尔处境危险。

利贝尔的大脑飞速运转，思考着补救办法。这时，在前苏联一个偏僻的小村里，德国的破坏分子收到柏林发来的无线电信号，通知他们上尉乘的飞机行将抵达。

克里格尔中尉和他的司令部人员正在农村的一间房子里等候施瓦茨堡的到达。但是,约定的时间过去了,新指挥官还没有出现。无线电报务员斯克利亚尼钻进通向这个小村庄的一条小路旁的丛林里,他若有所思地望着小路。突然在丛林之间,沿着小路走来一个身穿苏军制服的人,背上背着一只挎包。那个戴着苏军中尉肩章的军官看见了斯克利亚尼,就停下来笑着问道:"小伙子,你是否知道,看林人谢苗·马卡罗维奇住在哪里?"

这是暗号。米科拉·斯克利亚尼心上的一块石头总算落了地。

他回答说:"谢苗·马卡罗维奇去里沃夫了,3天以后才能回来。你好,施瓦茨堡先生,我叫伊万,克里格尔中尉正在等你。"

"你怎么知道我的姓名?"

"中尉说他认识你,你们曾一起打过仗。"

米歇尔站住了,他仔细地打量着这个化名为"伊万"的斯克利亚尼。

"好。你现在就可以看到,我们会使中尉感到意外的。"米歇尔微笑着说。

他们来到村庄,一走进屋里就看见克里格尔中尉。克里格尔惊讶得睁大了眼睛,因为站在他面前的是一个完全陌生的人。

克里格尔熟练地跳到墙边,从桌上操起一支自动步枪,嚷了起来:"这个人不是施瓦茨堡!伊万,你把什么人带来了?"

"安静点,中尉,'旋风'去东方了!"要是没有听到这一暗号,克里格尔很可能就开火了。

米歇尔笑了笑。

"我当然不是施瓦茨堡上尉,但这是总部的决定。柏林猜疑:俄国人是否把小组成员抓走了,安插了自己的人。要是你把我看做施瓦茨堡,就像你的报务员把我看错那样,那就是一个证明……"

克里格尔轻轻地放下自动步枪。

米歇尔要求现在把指挥权转交给他。

然而，克里格尔不愿放弃指挥官的角色。

他问道："你的名字和军衔？"

"谍报局上尉弗里德里希·博勒，而按照证件，我是苏联内务人民委员部中尉维利斯·杜蒂斯。"米歇尔从口袋里掏出证件，递给克里格尔，后者仔细地察看这些证件。照片上倒是自称博勒的这个人。他冲着斯克利亚尼说："伊万，你立即去问问总部。"

同时，他又拿起自动步枪，嚷道："总部回答之前，你休想活着离开这里……伊万，快去！"

米歇尔急忙说："中尉，你注意，推迟行动的责任要由你来负！"这时，米歇尔只有孤注一掷了，要是柏林来电对他不利，他就准备拼死一搏了，但他相信利贝尔肯定会想尽办法救他的。

这时在柏林，谍报局值班报务员托斯克正在值班，利贝尔已在机器旁不间断地值了6个小时的班。

托斯克突然听到"旋风"的呼号，他对利贝尔说："'旋风—南方'出现了，你准备记录。"

报务员口授说："'旋风—南方'请求证实行动有否改变，是否该把指挥权交给新来者？"

利贝尔拿起他记录的电报稿走到隔壁房间里，对马尔策上校说："'旋风—南方'出现了。"马尔策把电报看了两遍。显然，利贝尔篡改了电文。

"这是什么意思？"马尔策感到纳闷。

利贝尔开了腔："上校先生，在我看来事情是清楚的。施瓦茨堡在路上曾跟我说过，他同克里格尔中尉的关系不是很好。因此，克里格尔不同意改变开始行动的时间，他肯定是没有做好准备。"

"噢，原来如此……记下回报：全部权力转小组新指挥官，立即开始行动，报告执行情况。此外，请问问他们，什么时候能够报告开始行动。"

半小时后，"旋风"又来了一份电报："'旋风'已行动。第一份战报将于清晨发出。"

利贝尔把电报交给马尔策，同时叫了起来："这一回才像是施瓦茨堡的风格！"在柏林作了证实以后，行动小组准备执行任务了。

与此同时，喀尔巴阡山地区内务人民委员部反情报部门负责人麦尔尼钦科少校得到苏军比斯特罗夫将军的一道命令，要他根据以前的指示，在晚上18点以前消灭"旋风—南方"小组，而把小组指挥官杜蒂斯中尉本人带到他那里。

麦尔尼钦科少校把伏兵准备好之后，从望远镜里看到，在通往前线的一条公路上，有一小队德军俘虏正沿着公路走着。队伍后面走着身穿内务人民委员部制服的中尉，旁边是一名手持自动步枪的排长。在他们后面，有一辆蒙着篷布的农村大车。

麦尔尼钦科看见这支队伍后，示意队伍停下来。

他大声嚷道："队伍指挥官，出列！"

中尉跑步过来敬礼："我是杜蒂斯中尉！"

"证件呢？"

棕色头发的排长——克里格尔听了这句问话哆嗦了一下，也走过来了。"杜蒂斯中尉"从挎包里拿出证件。

少校看完证件，把证件还给中尉，接着走向大车。

中尉要排长带队伍先走。

此时少校从口袋里掏出一盒烟，递给中尉一支香烟。中尉接过了香烟，但是没有点燃，而是放进了口袋。

中尉对少校悄悄地说："西南方向，离村庄5公里，报务员在山洞里。而在村里……少校同志，祝你一路平安！"他没把话讲完，因为他看见克里格尔又向他们走来。

"中尉，也祝你成功。"

米歇尔故意一个人走在队伍的末尾，他拿出少校给他的那支香烟，悄悄地弄开，抽出一张字条：计划在4公里处逮捕这批人。米歇尔把条子放回口袋。

克里格尔在队伍前面急匆匆地走着。从地图上判断，很快就要到隧道了。应当在那里留下第一批破坏分子,把经过隧道的列车炸飞,使交通起码中断10天时间。乘前苏联反情报部门在这个地区进行调查的机会,将响起新的爆炸,横跨德聂斯特河的大桥将被炸断。

在这段时间里,麦尔尼钦科少校正领着切尔尼科夫少尉和洛巴夫军士来到藏着米科拉·斯克利亚尼和无线电台的那个小村庄。

就在这时,山洞进口附近的矮树丛被分开,出现了米科拉·斯克利亚尼,胸前举着一支自动步枪。

他用发抖的声音问:“是谁?我要开枪了。”

没等他讲完,洛巴诺夫军士两手拿着一块篷布从背后向他扑去。这时少校也穿过矮树丛,给他有力的一击,把他手中的自动步枪击落。切尔尼科夫冲进山洞。

少尉从山洞里搜出一只背囊,里面有一部无线电台。

但是,当麦尔尼钦科少校和他的随行人员走回村里时,却没有找到汽车。他们大吃一惊,在门槛边上,发现他们的司机躺着,已被打死了。

少校问被抓住的德国报务员:“是谁干的?”

斯克利亚尼说是罗金什托克中尉干的,他奉命留在这里负责联络。

这时罗金什托克正开着劫来的汽车去追赶小组,向克里格尔和米歇尔报告,他们已被发现。

他赶上他们以后就从汽车里跳出来。米歇尔向他走来,问发生了什么情况。

罗金什托克上气不接下气地说:“有人出卖了我们!”

米歇尔说:“这不可能!”

这时破坏分子们乱作一团。

米歇尔下了决心。他冲着罗金什托克嚷了一声“叛徒!”抽出手枪,向他打了一枪。然后命令破坏分子:“不许动!别乱!”

正在这时,他看见从西边的矮树丛里出现了一排手持自动步枪的前苏联士兵,重机枪正对着这批人。

这一伙破坏分子全部被俘。

第四课

从“史上最强大的情报工厂”

——学习攻心“36计”

美国国家安全局从“黑室”到“黑城市”期间所经历的风风雨雨，相信只有亲自参与其中的人们感受最为真切。而看客只能从其外在的规模窥见冰山一隅。

如今，美国国家安全局不仅拥有世界上最出色的数学家、密码学家等尖端人才，还拥有令人咋舌的现代计算机设备和监听工具。

正如美国国家安全局殚精竭虑地想探知整个世界的秘密一样，整个世界也想撩起这个神秘“工厂”的面纱。

其实，面纱背后的美国国家安全局并不“神秘”，也并非很多长着三头六臂的人，这就像在生活中，我们看到很多人其貌不扬，才华也并非特别出众，但是他们却在某一领域获得了成功一样——原因就在于他们会“攻心”。

我们要学习的，并不是美国国家安全局的表象，而是它背后的种种攻心策略。正是有了这样的策略，美国国家安全局总部才能从一间不足25平米的背街斗室，发展成为一座新兴的城市！

“世上无码不可破”
——如何打消对手的嚣张气焰

早在美国安全局还是“黑室”的时候，著名的情报之父亚德利还是一个年轻人。1919年5月的一天，当时情报处长丘吉尔将军找到时任第八科科长的亚德利，对他说：“你认为日本人的密码怎么样？是不是世界上最难破译的？”丘吉尔的语气像是在挑衅，又像是在用激将法刺激这个对密码充满热情的年轻人。

“难吗？我早就说过，世界上无码不可破。”亚德利底气十足地答道。

事实证明，亚德利胜利了，世界上的确“无码不可破”——大部分有头有脸者都死要面子，对准他的弱点，来个“你怕什么就跟你来什么”，打击对手的信心、勇气、幸福感等等，就能破对手“心灵之码”。

而其中最厉害的招术莫过于毁掉他的希望。一个毫无指望的人不会有心思构筑心灵密码，他的“密码”也会不破自解，不夺自弃。

1.偷梁换柱——打击对手的“实力”

宋真宗的正宫娘娘章献皇后，聪明伶俐，好胜心强，政治手腕高明，在后宫中可谓一手遮天，连真宗也佩服她，有了为难的事便与她商量。怎奈她肚子不争气，十几年了也没给皇上生出个儿子来。真宗为了承大统，便广召嫔妃，以求生子。其中有位李定妃，善解人意，很得真宗宠爱。这李定妃也很争气，侍御不久，便呕酸减饭，眼见得有喜在身。

章献皇后本是个醋坛子，不放真宗与嫔妃共居。但自己老不生育，也渐渐管不住真宗了。这回一听李定妃怀孕，不啻五雷轰顶，顿时愣在那里。李定妃最得真宗宠爱,万一生下来是儿子,那么封为太子无疑。将来太子登基,母凭子贵,太后的宝座就不属于自己了。怎么办呢?派亲信太监把李定妃除掉?那倒一了百了。但一转念,觉得此事不妥,万一露了马脚,自己立即会被打入冷宫,失去荣华富贵。就此罢手,她又不甘心。怎么办?思来想去,她突然想出一条“偷梁换柱”的妙计。

第二天,她在腰上缠了些布条,看上去鼓鼓囊囊也似怀孕之状,又常装作干呕。真宗一听非常高兴,这生男孩的保险系数更大了。于是,他高兴地对章献皇后和李定妃许下愿:生下来的孩子哪个是男的,便立为太子;若都是男的,先生下来的立为太子。两人都点头答应。

自此,李定妃的肚子一天比一天鼓,章献皇后的布条天天加。为了实现计划,章献皇后又做了两样工作:其一,找人算卦说皇后的身孕怕命硬的人冲,所以不让皇上近身,实际上是怕皇上戳穿她的诡计;其二,加紧收买李定妃的贴身太监阎文应。

怀胎十月,快要临产了,阎文应也被买通了,不时向章献皇后报告李定妃的情况。一天,李定妃腹痛生产,皇后也在床上滚起来。

真宗闻听二人一起生产,快步来到后宫。先去皇后宫中一看,是一个白胖的儿子,心中大为高兴。又到李定妃宫中,一看却生下一个狸猫,是一妖物,心中突生厌情,命人速速埋掉。李定妃生产时疼昏过去,醒来时见自己生了个狸猫,只有呜呜地哭,半句话也说不出来。

李定妃既然是母凭子贵,那章献皇后便偷走太子这个支撑台子的铁柱子,换上了狸猫这种泥做的台柱,李定妃的“台子”还不垮?皇后不但拆了别人的台,竟然用偷来的柱子来撑自己的台面,这台真是拆出“精”来了。这种拆台虽然为人所不齿,但这种抽去对方台柱,或换上“泥”台柱的做法是拆台的主要手段。

顶台之柱为台子不倒的机关所在,要拆台必先找到对方之“台柱”究竟为何物。找台柱并非如想象得那么简单,有时候它们并不明显。

唐大中十三年,浙江以东的裘甫起兵叛乱,已攻占了几个城池,朝廷任命王式为观察史,镇压动乱。

刚上任第一件事，王式便命人将县里粮仓中的粮食发给饥民。众将官迷惑不解，都说："您刚上任，军队粮饷又那么紧张，现在你把县里粮仓中的存粮散发给百姓，这是怎么回事呢？"王式笑着说："反贼用抢粮仓中存粮的把戏来诱惑贫困百姓造反，现在我散发粮食，那么，贫苦百姓就会不强抢了。再者，各县没有守兵，根本无力防守粮仓，如果不把粮食发给贫苦百姓，等到敌人来了，反而会资助敌人。"

王式的话，的确言之有理。果然，叛军到达后，百姓纷纷抵抗，不到几个月功夫，叛乱便被平定。

王式眼光敏锐，发现了粮食这个台柱子，通过分粮食成功地拆了叛军之台。

2.扯其后腿——打击对方的"后台"

魏国攻打赵国，包围了赵都邯郸，赵国深觉危急，向齐国求救。公元前353年，齐国派田忌为将，孙膑为军师，率兵8万，援救赵国。一开始，田忌想直接去与魏军决战，孙膑却另有高见：要想解开一个绳结，不能强拉硬扯；要把打架的分开，不能自己也参加进去打。派兵解围，得避开实力，打其虚处，攻其必救。现在魏国的精锐部队在打赵国，国内空虚，我们应攻打魏国都城大梁。这样，魏军定会回师自救。

田忌采纳了孙膑的谋略。魏军听到了齐国攻打都城的消息，急忙回救。齐军在桂陵一带埋伏好，打了远道退来的魏军一个措手不及，救了赵国。

"扯其后腿，拆其后台"这一术的妙用，在于听之无声，视之无形，无穷如天地，难知如阴阳。施用暗往明来、阴差阳错的手段，使对方堕于其中而不觉。

3.冻结其产生傲气的资本——打击对手的自信

人际交往中,我们常会遇到很多傲气十足的人,他们往往有这样那样的资本。如果能针对他们产生傲气的资本给予打击,无异于釜底抽薪,拆掉了他们的台子。

下面分享四种“冻结资本”的技术:

出一个他们回答不了的难题。

一些人自恃知识丰富,阅历广泛,因而瞧不起别人,表现出一股不可一世的傲气。对付这种傲气者只要巧妙地设置一个难题,就可抑制其傲气。这是因为不管其知识多么丰富,阅历多么广泛,在这个大千世界里总有他们不知道的,而一旦让他们发现自己也存在着知识缺陷,其傲气自然就会消失了。

在一次国际会议期间,一位西方外交官非常傲慢地对我国一位代表提出了一个问题:“阁下在西方逗留了一段时间,不知是否对西方有了一点开明的认识?”显然,这位外交官是以傲慢的态度嘲笑我国代表的无知,我国代表淡然一笑回答道:“我是在西方接受教育的,40年前我在巴黎受过高等教育,我对西方的了解可能比你少不了多少。请问你对东方了解多少?”对我国代表的提问,那位外交官茫然不知所措,满脸窘态,其傲气荡然无存了。

无疑,巧设难题抑制傲气者,所设置的难题一定要是对方无法回答的,因为只有这样,才能暴露对方的无知或者缺陷,从而挫其傲气。如果设置的问题对方能够回答,这样不但不会挫其傲气,相反地更会助长其傲气而使自己处于更难堪的境地。

露一手叫他们瞧瞧。

有些高傲者往往有一技之长,有自视清高的资本,这些人最瞧不起不学无术之辈。相反,对于有真才实学,能力在他们之上者,却又会像遇到知音似的格外看重，给以礼遇。有位傲者就说过这样的话："有人说我傲，其实没说到点子上。我这个人最瞧不起混饭吃的草包。你要干得漂亮，叫我服，我会把你奉为上宾！"这话正是这类高傲者心态的真实写照。

因此，对于这种重才的傲者，要想博得他们的青睐，莫过于恰到好处地在他们面前展示自己的才华，使他们感到你不是等闲之辈，这时与之打交道就会变得容易多了。

有位行伍出身的领导，爱学习爱动脑子，工作很有建树，且能写会画，人称"儒将"。他个性孤傲，尤其看不上刚出校门、夸夸其谈的青年，因此有些青年很怵他，躲着他。一次他到部队作报告后，有位青年军官直言说他报告中引用的诗句有出入，并当场背出诗句，说明出处。这位青年敢挑他的毛病，勇气可嘉，使"儒将"对他刮目相看了。回机关后立即通知干部部门，对这个青年军官进行考察，不久将其调到机关工作，后来他们还成了忘年之交。

很显然，对待高傲者有时需要"显山露水"，恰当地展示自己的才华，从而改变对方的态度。受到他们的青睐，事情就好办了。当然，在傲者面前显示才华并非卖弄，也不是无的放矢地夸夸其谈，而是真才实学的恰当展现。

点一点他们的痛处。

有时与傲者打交道，也可采取针锋相对的方法，即以不卑不亢的态度，抓住对方之要害给以指出，打掉他们赖以生傲的资本。这时对方会从自身的利益出发，放下架子，认真地把你放在同等地位上交往。

1901年美国石油大王洛克菲勒的第二代小约翰·戴·洛克菲勒，代表父亲与钢铁大王摩根谈关于梅萨比矿区的买卖交易。摩根是一个傲慢专横、喜欢支配人的人，不愿意承认任何当代人物的平等地位。当他看到年仅27岁的小洛克菲勒走进他的办公室时，继续和一位同事谈话，直到有人通报介绍后，摩根才对年轻而长相虚弱的小洛克菲勒瞪着眼睛大声说："唔，你们要什么价钱！"小洛克菲勒盯着老摩根，礼貌地答道："摩根先生，我看一定有一些误会。不是我到这里来出售，相反，我的理解是您想要买。”老摩根听了年轻人的话，顿时目瞪口呆，沉默片刻，终于改变了声调。最后，通过谈判，摩根答应了洛克菲勒规定的售价。

在这次谈判中，小洛克菲勒就是抓住了问题的关键：摩根急于要买下梅萨比矿区，从而既出其不意地直戳对方的要害，说明实质；同时也表现出对垒的勇气和平等交往的尊严，使对方意识到应认真地平等地交往，交际进程就变成了坦途。

不加理睬。

一些有傲气的人，别人越理睬，他们的傲气就越大。因而对这种傲气者采取不予理睬的态度，使其孤立，就可削弱甚至打掉其傲气。

某单位调来了一个中年人，这个中年人有着过硬的技术，因此瞧不起别人。他不是教训这个人，就是教训那个人，弄得大家都不愉快。于是大家对他采取不予理睬的态度，有些人见他来了就走。久而久之，他自觉无趣，于是改变了自己的态度，大家再也看不到他身上的傲气了，也就又恢复了与他的正常交往。

为什么采取这种方法能使傲气者改弦易辙呢？因为傲气者大都是为了显示自己高人一等的价值，而大家不理睬他们，不但不能显示自己的价值，反而会使自己处于孤独无援的境地，因而不得不反省自己不受欢迎的原因，改弦易辙了。

当然，对方一旦停止产生傲气，我们便应该停止拆台行为，否则让对方总下不来台，他们便会来拆我们的台了。

朝鲜战场的胜利
——如何避免陷入他人的圈套

重信守诺是为人永久称颂的处世信条，反悔素为君子不齿。然而凡事过犹不及，我们的文化长久以来将我们教育成一个绝对与人为善的好人,使得在许多应该维护自己利益的时候都不去据理力争。其实懂得反悔之道,是一个人通权达变,实现自我价值的必要开端。

在朝鲜战争发动之初,麦克阿瑟豪气冲天,一举冲过三八线,让一直处于主动进攻地位的朝鲜变为退守之势。对此,中国政府作出了回应,并给予了明确的警告。这显然比美国情报机构的情报管用,杜鲁门再也不能安坐于白宫,他主动提出要与麦克阿瑟在威克岛碰个头,以讨论中国的立场问题。谁知,临行前中情局又发话了,他们一再向总统重申:“如果苏联愿意打一次大战,中国政府不会出兵朝鲜。”果然,来到威克岛后,他得到了同样的答案。

正是由于美国对中国是否参战的情报评估的总体基调,使得中国人民志愿军发动第一次战役时,美军和南朝鲜军队完全放松了警惕。在麦克阿瑟的命令下,他们一路向北径直往鸭绿江边攻打过来。然而,当他们推进到朝鲜北部云山和温井一带时,却被突如其来的军事打击弄得不知所措。

具体的人际交往中,反悔术讲求“毁诺”要有礼有节。

1.福尔摩斯探案——先答应,后反悔

《福尔摩斯探案集》作者柯南·道尔,在第一次把他的著作改编权卖给欧洲“戏剧界的拿破仑”弗罗曼时,曾对弗罗曼有一点小限制,戏里的福尔摩斯不许有恋爱事情。

当时弗罗曼并不争执,满口答应了这个条件。但是,后来演出的剧目里,为了迎合一些观众的心理,弗罗曼还是加了些可以算恋爱也可以不算恋爱的浪漫故事进去。

由于演出效果不错,一年之后,弗罗曼在英国会见柯南·道尔时,柯南·道尔非但没有责怪弗罗曼,相反还表示不反对戏里的福尔摩斯可以浪漫点。弗罗曼以后谈到此事,一直强调正是当初他对柯南·道尔让了一

步才取得今日的演出成功。要是他当时固执己见，事情可能就弄僵了。

当然，反悔需要借口，而在许诺时就有意留下反悔时可以使用的伏笔则会使借口更为圆满。不妨作出一些大胆的许诺。只是在作出许诺的同时，必须告诉对方可能出现的各种麻烦和不能实现的可能性，亦即不要把话说得太绝对，让人家事先有思想准备，一旦未能实现不至于对你失去信任。

俗话说，“逢人只说三分话”，还有七分话不必对人说出，你也许认为大丈夫光明磊落，坦诚相见，事无不可对人言，何必只说三分话呢？

其实不然，我们提倡在人际交往中以诚相见，但是，人与人之间要达到以诚相见的境界势必要有一个过程。在这个过程中的每个阶段，需要运用各种恰如其分的交际方法，方能保证这个过程的顺利完成。

下面，介绍一种“模糊表态”的方法去应付一些复v的请求。

所谓“模糊表态”即是采取恰当的方式、巧妙的语言对别人的请求作出间接的、含蓄的、灵活的表态。其特点就是不直截了当地表示态度，避免与对方短兵相接的交锋。它是一种常用的社交方式。

“模糊表态”的功效有二：

一是给自己留有回旋的余地。

有些问题一时尚不明朗，需进一步了解事实真相，或看看事态的发展及周围形势的变化，方可拿主张，“模糊表态”就能给自己留下一个仔细考虑、慎重决策的余地。否则，君子一言，驷马难追，不仅影响自己的威信和声誉，也会对事业和人际关系造成不必要的损失。

二是给对方一点希望之光，有利于稳定对方的情绪。

要求你解决或答复问题的人，内心总是寄予厚望，希望事情能如愿以偿，圆满解决。如果突然遭到生硬的拒绝，由于缺乏必要的心理准备，很可能因过分失望或悲伤，心理上难以平衡，情绪难以稳定，产生偏激言行，有碍于人际交往。

相反，倘若话尚未完全说死，则使他感到事情并非毫无希望，也许经过更多的努力或者过一段时间机会降临，事情会向好的方向转化，因而情绪趋于稳定。

然而,并不是说凡事都得“模糊表态”。该明确表态时也含糊其辞,是十分错误的。那么,遇到什么样的问题、在什么样的情况下,宜用“模糊表态”方式？又如何掌握“模糊”的分寸呢？

当事态不明朗时,宜用“模糊表态”。任何事情的发展变化都有个过程,有的还得有一个相当长的演变过程。当事情处于发展变化初期,实质性的问题尚未表露出来,难于断定其好坏、美丑、利弊、胜负时,就需要等待、观察、了解、研究,切不可贸然行事,信口开河。倘若迫于情势,不能不有所表态的话,最好还是“模糊表态”。例如,可以说:“这件事比较棘手,让我看看再说。”这样给自己以后的态度留下了回旋的余地。

有些经验丰富的人遇到这类问题,用几句幽默话语,如引用一则寓言故事或一则笑话,而不作直接的回答,留给对方去思考、寻味。这可说是“模糊表态”中的高招了。

TIPS:

1)当与对方初交时,宜用“模糊表态”。

拿谈恋爱打个比方,可资借鉴:小王和小李平时性格都内向,且接触异性的机会少,经人介绍,他俩相识了。初次见面,双方都有了点意思。接下来是两人交谈,这对双方来说都是一种试探。幸好他俩都还聪明,懂得初次交往的艺术。

在分别时,小王对小李说:“我对您的印象总的来说不错,不过还是初步的,有待以后进一步了解。”

小李也微笑着回答:“我和您的感觉一样。”

这里双方的表态都是模糊的,既表达了愿交朋友的意向,又为自己留下了回旋余地。双方都高兴,也为以后的进一步交往打好了基础。

2)对把握性不大的事可采取弹性的许愿。

如果对情况把握不大,就应把话说灵活一点,使之有伸缩的余地。例如,使用"尽力而为"、"尽最大努力"、"尽可能"等有较大灵活性的字眼。这种许愿能给自己留下一定的回旋余地,但一般会给对方留下疑虑,取得对方信任的效果要差一些。

对非自己所能独立解决的问题,应采取隐含前提条件的许愿。

这即是说,如果所作的承诺,不能自己单独完成,还要谋求别人的帮助,那么在许愿中可带一定的限制词语。

3)可偶尔使用的缓兵计。

很多时候出于各种原因,比如碍于面子、对方来头大等,我们不能过于直接地拒绝他人的要求。除了婉转地使拒绝容易接受外,不妨先答应下来,然后再用反悔给他一个交代。例如别人为工作调动或为亲戚找工作等等诸如此类的事找你帮忙,而你又无能为力,该怎么办呢?

假如马上一口拒绝的话,那么,对方极可能就会认为你不肯帮助他,甚至导致关系因此而僵化,说不定以后你可能有什么事要找他帮忙的话,尽管他是有能力帮助你的,但对方却记起前"仇",以牙还牙。因此,最好是使对方认为你已导致尽力地为他服务了。

比如说,生意上有人求你能否通过关系为他批点出厂价产品,你最好立即行动:"好吧,我会尽力去帮助你的。"即刻询问对方要多少型号,大概要批多少等等。接着按上述步骤,几天后不要等对方走上门,你就应该向对方解释说,自己已找过领导,头儿很难说话,或者说所有产品别人已全订了,只能等今后的机会了。

有人想趁你出差的机会,托你为他购某种型号的产品。不要马上拒绝对方的要求,应该马上接受对方所给予的用于购买商品的金钱,并坦率表明一定帮他找找,若有的话定帮忙买回来。然后,在出差地点再给对方去个电话或电报,说你走完了几家大商场都没有发现那种型号等。

如此种种,举一反三,灵活运用,就能在日常生活中制造些无本万利的人情债,这也是老练的朋友求人的常用伏笔。

当然,这种方法不宜常用,只能偶尔为之作为应急之法。经常为之,定会露出破绽，遭人指责。

2.要会“先发制人”，更要会“突发制人”

春秋初年，郑武公去世后，太子寤生即位，他就是郑庄公。郑庄公心里明白，自己虽然当了国君，但政敌们决不会就此善罢甘休，自己还得拼力争斗。不过，用什么方式与政敌斗争才好呢？他颇犯踌躇，因为那政敌不是别人，正是他的亲生母和胞弟！郑庄公出生时，因脚在先，头在后，让母亲武姜几乎难产送命，所以武姜十分讨厌他，而偏爱他的胞弟公叔段。兄弟俩长大之后，武姜曾几次请求立公叔段为太子，但武公碍于传统习惯，没有答应。对于这事，武姜和公叔段一直心怀不满，所以武公一死，他们便加紧了夺权步骤。

首先，由武姜出面，以母亲的身份为公叔段要求封地，要庄公把制邑封给公叔段。制邑是军事要塞，庄公没有答应，武姜又替公叔段要求住在易守难攻的京城，庄公只好答应了。

公叔段一到京城，就加高加宽城墙。郑国大臣们对此意见纷纷，祭仲对庄公说：“不同等级的都邑城墙的高度，先王都有规定。如今公叔段不按规定修城，您应及时阻止他，以免后果难以收拾。”庄公何尝不明白这个道理，但他心里另有打算，所以说：“我母亲希望这样，我又有什么办法呢？”

公叔段看哥哥没有对自己采取限制措施，便更加放肆起来，下令让西部、北部边陲守军听命于自己，并私自收来了周围的城邑来作为自己的封地。这种举措使郑国将士们愤愤不平，大将公子吕对庄公说：“应及早下手制止他，否则军队慢慢就会被他掌握了！”郑庄公还是不紧不慢地说：“用不着。不仁不义的事做多了，就会自取灭亡。”

公叔段看到哥哥还没有反应，更加肆无忌惮起来，聚集粮草，修治武器，扩充步兵和车卒，准备攻打庄公的国都，并约好了母亲作为内应。

这下子举国上下的百姓都义愤填膺,庄公高兴地说:“时机到了!”派人探听到公叔段起兵的日期,庄公先发制人,提前派公子吕率领200辆战车向京城压过去。京城军民纷纷倒戈,公叔段跑到鄗地。庄公猛追穷寇,又打到鄗地,公叔段只好逃亡到共国去。庄公返回头来又对付母亲武姜,把她软禁在城池,并发誓永远不再拜见她。

对弟弟的夺权野心和母亲的所作所为,郑庄公是了然于胸的。但他并不怜骨肉之情妥善调解,而是采用“引其发展,陷其不义,突发制人”的手段,先放纵对方,任其胡为,争取到臣心、军心、民心后再置对方于死地。

这种方法,适用于能压住局面的操纵者。它的妙处是使对方尽力表演,轻敌大意,将我之放纵误解为无能,使他人因为对手的过分行为而忽略或宽容自己的清算和反悔。

绝密中的机密
——“宁为人知勿为人见”的安全局

虽然美国国家安全局的本部就在美国首都巴尔的摩至华盛顿公园大道几百米处,但仍旧没有人知道它。

平时,在一片绿树掩映的丛林中,一幢镶有玻璃的塔式办公大楼安静地存在着。楼的周围布满一架架接收卫星讯号的银白色抛物面天线。楼内大批军职和文职人员神情肃穆,每天都在紧张有序地工作着。他们通过接收卫星讯号,随时为美国政府和五角大楼提供有关外国元首、军事头目、贸易谈判代表、恐怖分子和毒品贩子等高度机密的情报。

但是,谁也不知道这里就是全球最大、耗资最多的神秘“间谍堡垒”。所以新闻记者把美国国家安全局称之为“绝密中的机密”。

看看他们是如何保守住这个天大的秘密的吧!

"白宫文件和国会的报告中凡是提到美国国家安全局的地方，都要一律删除。大多被采访者都拒绝谈论该局的具体活动，即使接受采访的人，多数也要求不披露他们的姓名。有些人还引用美国联邦有关条款说，泄露美国通信活动情报机密者可能被判刑。另一些人则引用两句内部守则：'对局内人要告诫，什么也别说；对局外人要否认，没有这个局。'"

一个如此强大的情报机构，能做到如此"绝密"，他们的要诀就在于——"装傻"。

"宁为人知勿为人见"。这历来被推崇为高明的处世之道。

1.要想受到别人的敬重，就必须掩藏你的锋芒

做人切忌恃才自傲，不知饶人。锋芒太露易遭嫉恨，更容易树敌。功高震主，不知给多少下属臣子招致杀身之祸。与领导交往最重要的技巧，就是适时"装傻"：不露自己的高明，更不能纠正对方的错误。人际交往，装傻可以为人遮羞，自找台阶；故作不知可以达成幽默，反唇相讥；假痴不癫可以迷惑对手。必须有好演技，才能傻得可爱，"装"得恰到好处。

前苏联卫国战争初期，德军长驱直入。在此生死存亡之际，曾在国内战争时期驰骋疆场的老将们，如铁木辛哥、伏罗希洛夫、布琼尼等，首先挑起前敌指挥的重担。但面对新的形势，他们渐感力不从心。时势造英雄，一批青年军事家，如朱可夫、华西列夫斯基、什捷缅科等，相继脱颖而出。

这期间，老将们思想上不是没有波动。一次，前苏联元帅铁木辛哥受命去波罗的海协调一、二方面军的行动，什捷缅科作为他的参谋长同行。什捷缅科早知道这位元帅对总参部的人抱怀疑态度，思想上有疙瘩，心想："命令终归是命令，只能服从了。"等上了火车，吃晚饭时，一场不愉快的谈话开始了，铁木辛哥先发出一通连珠炮："为什么派你跟我一起去？是想来教育我们这些老头子，监督我们的吧？白费劲！你们还

在桌子底下跑的时候，我们已经率领着成师的部队在打仗，为了给你们建立苏维埃政权而奋斗。你们军事学院毕业了，自以为了不起了！革命开始的时候，你才几岁？”

这通训斥，已经近乎侮辱了，但什捷缅科却老实地回答：“那时候，刚满十岁。”接着又平静地表示对元帅非常尊重，准备向他学习。铁木辛哥最后说：“算了，外交家，睡觉吧。时间会证明谁是什么样的人。”

应该说，“时间证明论”是对的。他们共同工作了一个月后，在一次晚间喝茶的时候，铁木辛哥突然说：“现在我明白了，你并不是我原来认为的那种人。我曾想，你是斯大林专门派来监督我的……”后来什捷缅科被召回时，心里很舍不得和铁木辛哥分离。又过了一个月，铁木辛哥亲自向大本营提出，要求调这个晚辈来共事。

什捷缅科在受辱之时装憨相，过了铁元帅关，体现了后生的谦卑及对老人的尊重，是大智若愚的表现。懂得装假者绝非傻子，显得憨厚有时是最高智慧。

许多时候，要想受到别人的敬重，就必须掩藏你的锋芒。

2.面对错误——半睁半闭中寻契机，荒诞可笑中明事理

在交际活动中，单凭言语难以说服对方，采用交际情境表义，有时给对方多一些思考、体验，常可产生言语不能达到的效果。

法国有位农学家，在德国吃过土豆，很想在法国推广种植这种作物，但他越是热心地宣传，别人越不相信。医生认为土豆有害于人的健康，有的农学家断言种植土豆会使土地变得贫瘠，宗教界称土豆为“鬼苹果”。经过一段时间的思考，这位一心推广土豆种植的农学家，终于想出一个新点子。在国王的许可下，他在一块出了名的低产田里栽培了土豆，由一支身穿仪仗队服装的国王卫兵看守，并声称不允许任何人接近它，挖掘它。但这些士兵只在白天看守，晚上全部撤走。人们受到禁果的

引诱，晚上都来挖土豆，并把它栽到自己的菜园里。这样，没过多久土豆便在法国推广开了。

这个推广土豆种植的主意获得成功，就得益于情境的巧用。直言土豆好，人们不信；由皇家种植，国王卫兵看守，暗示的情境意义即：土豆是贵重物品。由此诱发了人们占有的欲望，加之栽种后亲自品尝与体验，确信有益无害，就会完全接受这种作物。这里交际情境的魅力，就在于利用了人们的好奇心理，睁一眼闭一眼，创造了一个使人接触土豆的契机，所以产生了可喜的效果。

有时面对一个错误的推理或结论，从正面反驳可能无济于事，这时不妨用另外一个类似的并且明显是错误的推理，来达到批驳的目的，效果反倒更好。这种错误的推理具有很强的荒诞性，含不尽之意于言外，会使人在含笑中明确是非，从而达到幽默的真正目的。推理越具有荒诞性，说出的话就越具有幽默感。

宋高宗时，有一次宫廷厨师煮的馄饨没有熟，皇帝发怒了，把那个厨师投入了大狱。没过多久，在一次演员演节目时，两个演员扮作读书人的模样，互相询问对方的生日时辰。一个说“甲子生”，另一个说“丙子生”，这时又有一个演员马上来到皇帝面前控告说：“这两个人都应该下大狱。”皇帝觉得蹊跷，问是什么原因。这个演员说：“甲子、丙子都是生的，不是与那个馄饨没煮熟的人同罪吗？”皇帝一听大笑起来，知道了他的用意，就赦免了那个“馄饨生”的厨师。演员借皇帝“馄饨生就下大狱”这个前提，演绎出一个错误的结论：是“生”就该下大狱，甲子生、丙子生也该下大狱。这显然是荒诞不经，引人发笑的。演员的推理语言婉转，表达含蓄，蕴涵了丰富的机趣。这种幽默语言的产生，不能不归功于巧夺天工的荒诞推理。

3.面对尴尬——答非所问，假痴不癫妙解困

答非所问指答话者故意偏离逻辑规则，不直接回答对方提问，而是在形式上响应对方问话，通过有意的错位造就幽默。答非所问并不是思维混乱，而是用假错的形式，幽默地表达潜在意图。

在一次联合国会议休息时，一位发达国家的外交官问一位非洲国家大使："贵国的死亡率一定不低吧？"非洲大使答道："跟贵国一样，每人死一次。"

外交官问话是对整个国家而言，对非洲的落后存在挑衅。大使并不理会其问话的要点，故意将死亡率针对每个人，颇具匠心地回答，营造出别样的幽默效果，有效地回敬了外交官的傲慢，维护了本国尊严。

答非所问讲究机巧，抓住表面上某种形式的关联，不留痕迹地闪避实质层面，有意识地中断对话逻辑的连续性，寻求异军突起的表达，幽默旨在另起新灶，跳出被动局面的困扰。

有个爱缠人的先生盯着小仲马问："您最近在做些什么？"

小仲马平静地答道："难道您没看见？我正在蓄络腮胡子。"

胡子是自然而然长的，小仲马故意把它当作极重要的事情，显然与问话目的不相符合。小仲马表面上好像是在回答那先生，其实并没给他什么有用信息。小仲马自然是懂得对方问话意思的，但他偏要答非所问，用幽默暗示那人：不要再继续纠缠。

装作不知道，说话更奇妙

装作不知道，就是指对别人的话装作没有听到或没有听清楚，以便避实就虚、猛然出击的说辩方式。它的特点是：说辩的锋芒主要不在于传递何种信息，而是通过打击、转移对方的说辩兴致，使之无法继续设置窘迫局面，化干戈为玉帛，并能够寓辩于无形，不战而屈人之兵。在人际交往中，这种方式的使用场合很多。

1)可用于挽回"失语"所造成的尴尬局面。

“马有失蹄，人有失言”，偶尔失语在语言交际中难免发生，但失语往往是许多矛盾发生和激化的根源。因此，挽回失语，在语言交际中是很有必要的。

例如：实习期间，一位实习生在黑板上刚写了几个字，学生中突然有人叫起来：“老师的字比我们李老师的字好看！”

真是语惊四座，稚嫩的学生哪能想到：此时后座的班主任李老师是怎样的尴尬！对这位实习生来说，初上岗位就碰到这般让人难堪的场面，的确头疼，以后怎样同这位班主任共渡实习关呢？转过身来谦虚几句，行吗？不行！这位实习生灵机一动，装作没有听到，继续写了几个字，头也不回地说：“不安安静静地看课文，是谁在下边大声喧哗！”

此语一出，后座的李老师紧张尴尬的神情，顿时轻松多了，尴尬局面也随之消除。

这里就是巧妙地运用装作不知道，避实就虚，即避开“称赞”这一实体，装作没有听清楚，而攻击“喧闹”这一虚像。既巧妙地告诉那位班主任“我”根本没有听到；又打击了那位学生的称赞兴致，避免了他再称赞几句从而再次造成尴尬局面。

2)可用于对付别人的诡辩。

“事实胜于雄辩”，掌握充分的事实依据是战胜对手的有利法宝。令人遗憾的是，在许多情况下，面对巧舌如簧的人，明知对方是谬论，却又无法还击。

两个青年农民有一次去给玉米施肥时，因猪粪离庄稼远近而争执起来。甲说：“猪粪离庄稼近，便于庄稼吸收，庄稼肯定爱长。”

乙说：“让你这么一说，应该把庄稼种到猪圈里，一定更爱长。”

甲说：“你这是不讲理。”

乙说：“怎么不讲理？你不是说离猪粪近，庄稼爱长吗？”

这时，一个中年农民凑过来说：“我看你们俩谁说得也不对。猪尾巴离粪最近，没见过猪尾巴长得有多长……”

一句话，使在场的人哈哈大笑。

中年农民似乎连常识也不懂,可一语中的地点破了甲、乙两人的诡辩,更兼具强烈的幽默感。

3)制止别人的挖苦、讽刺。

挖苦、讽刺,是一种用尖酸刻薄的语言,辛辣有力地去贬损、揶揄对方的行为,极易激怒对方。为避免大动肝火,两败俱伤,也可巧妙地运用装作没听明白的方式见机而行。

丈夫不停地抽烟,烟缸里已经有一大堆烟蒂了,大部分还在冒烟。妻子惊呼:“天啦！难道你找不到更好的自杀方式么？”

妻子出于对丈夫的深切关怀,非常恼恨丈夫抽烟,把抽烟比作“自杀”,用语异常辛辣。作为男子汉的丈夫,虽然自知不对,但对于这样的挖苦却是忍无可忍。如果直接反击,那一定伤和气。此时,不妨装作没有听明白:“亲爱的,我正在抽烟思考这个问题。”

这样一个没好气的、似是而非的回答,令人啼笑皆非。丈夫也因为幽默,心理获得了平衡而消了怒气,妻子已经发泄了自己的不满,已不太在乎丈夫听到没有,因此也不再言语。

4)补救说话中的错漏、失误。

进行即兴演讲,有时会出现这样的情况:演讲者自己也不知为什么,竟说出一句错话,而且马上就意识到了。怎么办呢?倘若遇上这种失误,演讲者不妨装作不知道,然后采用调整语意、改换语气等续接方式予以补救。只要反应敏捷、应变及时,就可以达到不露痕迹地纠错效果。

例如,一位公司经理在开业庆典上发表即兴演讲,他这样强调纪律的重要性:公司是统一的整体,它有严格的规章制度,这是铁的纪律,每一个员工都必须自觉遵守。上班迟到、早退、闲聊、乱逛、办事推诿、拖沓、消极、懈怠,都是违反纪律的行为。我们允许这些现象的存在,就等于允许有人拆公司的台,我们能够这样做吗?

这位经理的反应力和应变力是很强的。当他意识到自己把本来想说的“我们决不允许这些现象的存在”一句话中“决不”二字漏掉之后,佯作不知,马上循着语言表达的逻辑思路,续补了一句揭示其后果的话，同时用一个反问句结束，增强了演讲的启发性和警示力。这样的续接补救，真可谓顺理成章，天衣无缝。

安全局面对的难题
——瑕不应掩瑜，忍小节方成大事

谁也无法想象美国国家安全局每天产生多少秘密材料。为了满足人们的好奇心，当然最主要的是探究他们究竟把钱都花在哪里了，美国国家审计局对这一数字进行了专门统计。结果令人咋舌："国家安全局每年产生5000万份秘密文件，这个结果意味着，国家安全局一家的密件大概比政府其他一切部门和机构的密件总和还多。如果按重量计算，美国国家安全局每天作废的密件几乎有40吨，一般每周200吨。"

普通人要是知道这一结果，恐怕半天都缓不过神来。不料，一位参议员见到如此惊人的统计数字之后，不仅相对平静，而且还不忘记挖苦一下美国国家安全局的官员们，说："国家安全局是不是正用秘密材料把自己埋起来？"

而美国国家安全局的官员也无可奈何，只能平静答道："好像是那么回事。"

——对于那位官员来说，第一，如何处理这些含有机密的废纸让他们苦恼了几十年，他很清楚他们的这个难题一时没办法解决，所以面对挖苦就"忍"了；第二，虽然废纸很让人"头疼"，但相比起整个情报工作，毕竟是相对不那么重要的一个环节，于是他"一笑而过"了。

这个故事告诉我们：成就大事业的人，不考虑琐碎。其实人非圣贤，孰能无错，如若求全责备，恐怕世上无一可用之人，也无一可作之事。

1.韬晦待机——忍可以促使一个人的身心成熟

世界是多彩多姿的,每个人的人生道路也是不同的。人生道路既有顺境,也有逆境,而且逆境往往多于顺境。俗话说:“人生不如意事十之八九。”因此要想生存在这个变化无常的世界里,必须学会而且要善于“忍”。

忍可以促使一个人的身心成熟,以便大展宏图。许真君曾说:“忍难忍事,顺自强。”昔日韩信受“胯下之辱”的时候显示了巨大的忍耐力,而后才官拜淮阴侯;司马迁受宫刑后,以超乎常人的忍耐力压制住不幸的苦痛,终于完成了旷世之作《史记》。

老子曰:“大直若屈,大智若拙,大辩若讷。”身处逆境之时,应通晓时事,沉着待机,这才是智者的做法。“伏久者飞必高,开先者谢独早。”只有长久潜伏下来,才能成就大事,才能不鸣则已、一鸣惊人。如果迫不及待地感情用事,只能坠入万劫不复的深渊之中。懂得了这个道理,也就通晓了忍的功效。

杜牧之《题乌江庙诗》对此可说很有见解,“胜负兵家不所期,包羞忍辱是男儿。江东子弟多豪俊,卷土重来未可知。”因此,大智者应知为何而忍,只要抱定这种信念,忍而后发,卷土重来未尝不可。

《涅经》云:“昔有一人,赞佛为大福德,相闻者,乃大怒,曰:‘生才七日,母便命终,何者为大福德?’相赞者曰:‘年志俱盛而不卒暴,打之不嗔,骂之不报,非大福德相乎?’怒者心服。”佛者认忍之性,使怒者心服,不也说明了忍的功用吗?

那忍气吞声的原因是什么呢?俗话说:天有不测风云,人有旦夕祸福。“十年河东,十年河西”,事物是不断发展变化的,人要忍受现在的痛苦,等候时来运转,所以人应该有远虑。

中国有句俗话:“大丈夫能屈能伸”,讲的便是大将韩信胯下受辱的故事。小不忍则乱大谋,为人切忌心高气傲。正是韩信的巨大忍耐力,助其功成名就。《朝天忏》称："人之所以富贵为世所尊重，都是从忍辱中得到的。"

这些故事告诉我们，人必须具有宽阔的胸襟，不要因小而失大。谚语说："得忍且忍，得诫且诫，不忍不诫，小事成大。"惟有这样才能成就大事，否则趾高气扬，伸长脖子走路，必然为众人所伤。

2.瑕不掩瑜——多从大处着眼

唐人刘晏代宗时任转运租庸盐铁使，曾经建工场造船，给钱一千缗。有人说实际花费还不到一半，请求减少。刘晏说："不行。要办大事，就不应吝惜小的费用。如果一点点地计较，怎么可能长久地进行生产呢？"后来果然像其所说的那样。

事实证明，瑕不应掩瑜。司马光曾说："当官的人，应该多从大处着眼，放弃琐小的事情。"

子思住在卫国时，向卫君推荐苟奕说："他的才能可以带五百辆战车打仗，可任为军队的统帅，如果得到这个人，就会无敌于天下。"

卫君说："我知道他的才干可以胜任大将，但他在当小官的时候，去老百姓家收租，吃过人家两个鸡蛋，所以不能用他。"

子思说："英明的人选用人才，就好比高明的木匠用木材，用它可用的部分，抛开它不可用的部分，所以杞树、樟树有一围之大，但有几尺腐烂了。好的木工不放弃它，为什么呢？因为知道没有用的部分是非常微小的，最后用来做成了非常珍贵的器具。现在您处在列国纷争的时代，需要选择可用的人才，而因为两个鸡蛋就不用栋梁之材，这种事千万不要让邻国知道了。"卫君听后，反复地向子思道谢。

能够容忍别人的小过，避其短处，用其长处，惟此才能干大事。如果一个人做事斤斤计较，抓住别人的缺点不放手，那就犯了与卫君同样的错误。

忍让是一种美德，魏国公韩琦度量过人，生性浑厚纯朴，从不搞一些小手段。他的功劳为天下之最，在大臣中地位最高，但从未见过他为此高兴；担负巨大的责任，濒临难以预料的祸事也从未见他忧愁过；他做事为人谦逊而谨慎，上朝以后站着与其他官员说话，回来以后，休息时与家里人谈话，也都是出于真心。有一个跟随韩琦几十年的人，记下了韩琦的言行，反复对照，说的与做的都十分吻合，没有不相称的地方。由此可见，韩琦具有多么大的忍耐力。

韩琦镇守大名府时，有人献上两只玉杯，说："这是种田人在破坟中找到的，里外都没有瑕疵，真是好的宝玉啊。"韩琦用白金装饰，更漂亮了。每逢开宴会招待客人，都用绸绵盖上它，放在桌子上。

一天，韩琦招待管理水运的官吏，准备用这两只玉杯装酒，招待客人。客人都到了，然而在这时候，一个侍兵不小心撞倒了玉杯，两只玉杯俱碎。客人都很吃惊，那个侍兵也伏在地上等候惩罚。

韩琦脸色不变，笑着对客人们说："天下的东西是坏还是不坏，都有自己的命运。"过了一会儿，他对那个侍兵说："你是失误造成的，并不是故意的，有什么过错呢？"客人都佩服韩琦宽厚的德行和度量。

忍作为一种处世的学问，特别是对于许多普通人来说，是绝对不可缺少的。

1)对自己的朋友、上司，你不可能事事据理力争。对于自己的长辈、老板的某些指示、某些命令，由于主观理解上的偏差而得不到很好地实施，而你却已经尽了最大努力。在这种情况下，上司、长辈、老板、领导对你批评和指责是很正常的，不要急于辩解，认为自己无比委屈，其实错误或许就在你的身上。

2)当然，对于许多下属职员来说，遇事不加辨明，便着手去实施是一大工作弊病，这是因为下属和领导之间缺乏必要的默契。下属对于领导，首先是服从，然后才能有改变。不是让领导去适应你，而是你去适应领导。上司给予的指示和命令，必须清清楚楚地理解，然后才有可能有效地执行。不要希望每个领导都慈祥无比，你需要忍受这种压力，同时以积极的行动去尽量避免这种压力。

番外：神秘“工厂”的面纱背后

诞生：总统签发“出生证”

1952年下半年，适逢美国大选。共和党候选人是62岁的艾森豪威尔，但是新闻传媒普遍看好民主党竞选人史蒂文森。

为了对选举资料进行处理，美国的哥伦比亚广播公司租用了所有权已经归于雷明顿·兰德公司的“UNIVAC”计算机，来计算大选结果。在大选进行之前，几乎所有的专家和媒体从不同角度、运用各种方式预测的结果，几乎都认为当时参与竞选的双方得票结果将会是“势均力敌”、“难分伯仲”。然而，在选举结束后仅仅45分钟，“UNIVAC”就计算出“艾森豪威尔将得票数为438票”，也就是说他将“以绝对优势赢得这场选举”。

果不其然，1952年11月4日深夜，艾森豪威尔成了唯一一位当上总统的五星上将。

当杜鲁门将总统的权杖交给艾森豪威尔时，他悄悄地说了一句：“要保守好这个秘密。”

1952年10月24日，即布劳内尔将调查报告提交4个月之后，杜鲁门总统终于找出了一个解决问题的方案。于是，他将一份长达7页的总统备忘录发给国防部长洛维特和国务卿艾奇逊，这份备忘录几乎逐字重述了布劳内尔委员会所提的建议。它以总统命令的形式发出，规定于11月4日秘密生效，并指出联邦政府将设立一个新局。该局的诞生与众不同，它是悄悄地来到世上的，报刊消息、国会辩论、新闻发布乃至小道传闻一概全无，在《政府组织手册》、《联邦职官录》和《国会记录》中找不到它的一点踪影，它的局长、众多的大楼和上万名雇员也销声匿迹。

而那份长达7页的总统备忘录从此也被蒙上了神秘的面纱，除了上述决定，几乎没有人知道它里面都写了些什么。它的密级为“绝密”，并盖有看着就很保密的暗号印章。总统在备忘录中下令成立的这个新局，就是后来的美国国家安全局。于是，这份备忘录就成了美国最新、最秘密的机构的“出生证”。该局的确十分秘密，以至只准政府里的少数几个人知道其存在。连该局的成立日期，也很可能是为了最大限度地保守秘密而精心选定的。那一天恰好是1952年选举总统的日子，即使走漏了风声，也肯定会被淹没在当天的大选新闻之中。

可想而知，为了保守秘密杜鲁门花了多少心思。当然，这样做绝对不是为了卖关子，而是出于国家安全的考虑，而且此后美国国家安全局的所作所为更证明了这一决定是对的。因为几乎它们所做的每一件事都绝对不是“光明正大”的。

这样也就不难理解，为什么直到30年后，杜鲁门先生的备忘录仍是华盛顿最严加保护的机密之一。据国家安全委员会的一位高级官员称，这7页文字是“美国政府过去和现在一切通信情报活动的依据”。他声称：“这份备忘录仍是国家安全局的根本大法和其他许多保密文件的基础，这些文件支配着通信情报活动的实施和国家安全局的职能与行动。”连国会的一个委员会想要一份副本，也不得不采用发出传票的办法。

预算、组织体制以及权力

与其保密措施一样让人感到震惊的，是它的预算、组织体制以及权力。

自1960年以来，美国国家安全局一直利用卫星监视着地球上的活动。它在经费预算和人员数量方面，远远超过美国中央情报局。它仅在马里兰州就有2万名工作人员，是该州雇员最多的单位。它负责管理从阿拉斯加到泰国的各地窃听站的数万名窃听员。尽管整个窃听网络的费用是保密的，但是人们已经知道，美国国家安全局每年至少有约35亿美元的年度预算。窃听卫星可能还需要30亿美元，由五角大楼从预算里拨出。此外陆、海、空三军提供3万名军人负责窃听，这又增加了约20亿美元。有人计算,美国为获取通信情报,每年至少要为美国国家安全局掏出100亿美元的经费。

当然,除了美国情报界核心集团之外,很少有人能看出来。同时,这也一再提醒大家,美国情报界的龙头地位已经从中央情报局逐渐转到国家安全局手中。关于这一点,参议院情报委员会的报告做了最好的佐证,报告中说:“用预算的多寡来衡量,情报界最有权势的人物是国家安全局局长。这个职务,加上他兼任的中央安全局局长一职,使他掌管着国家情报预算中最大的一笔开支。”

这就难怪,连一向以稳重、干练而闻名的前中央情报局局长理查德·赫尔姆斯也酸溜溜地说:“任何一位中央情报局局长,如果以为自己对于美国情报经费的分配或者情报界的建设有重大影响,那是不切实际的。”“作为中央情报局局长,他理应掌管美国百分之百的情报活动,但是实际上只控制着情报界不到15%的经费,其余的85%大部分归国防部长和参谋长联席会议掌管。”赫尔姆斯继续说道。

赫尔姆斯还是没有实事求是地说,实际上这种估计显然高估了自己的实际权势。据参议院情报委员会称:“1976年财政年度,作为中央情报局当家人的中情局局长只控制着国家级和战术级情报活动经费总和的不到10%,其余的经费不在他的财务权限之内,而直接由国防部用在情报活动上。”接着,该委员会又在赫尔姆斯的伤口上撒了一把盐,说:“实际上,在如何分配这些经费的问题上,中情局局长的影响力只与一个关心此事的批评家差不多。”

毫无疑问,美国情报界的实权已经落到了美国国家安全局手中。难怪中央情报局的同行们抱怨道:“我们用于招募情报人员的钱与国家安全局用于技术装置的钱相比,简直是微乎其微。”例如,1993年8月,由国家安全局组织发射的“大力神Ⅳ”式火箭,在加利福尼亚升空后不久发生爆炸,从而摧毁了它的秘密弹头。这弹头其实就是3颗价值各达2.75亿美元的窃听卫星。这次事故的损失,相当于美国国家园林局1年的预算。

侦听站:遍布全世界的“触角”

英国约克郡的门维斯山是一片荒凉的沼泽地。这里带电铁丝网围成的防护圈上每隔一段就设有一个望塔，全副武装的警卫人员昼夜不停地在塔上值班。这就是英国政府对外声称的门维斯山皇家空军基地，然而,它并不是英国的空军基地。1966年,美国国家安全局从英国政府手中接过了这片沼泽地,给它取了个代号“F83”。这里是当今世界上最大的间谍侦听站,整个侦听站占地560英亩,包括一个作战中心和一座卫星城。

在这个基地内工作的美国人包括高级工程师、物理学家、数学家、逻辑学家、计算机科学家和370名英国国防部的高级参谋。在欧洲,所有的电子邮件、电话和传真等都被美国国家安全局驻英国的侦听站拦截。然后,他们又把这些拦截下的情报传回美国国家安全局总部。

实际上,“F83”侦听站只是散落在世界各地的侦听站中的一个。早在20世纪50年代中期,国家安全局极为机密的“侦收站布局计划”就要求在全世界建立4120个昼夜值班的侦收站。该计划是国家安全局“平时通信情报无线电侦收要求”的一个组成部分。在50年代后期和60年代,计划中的数字不断增大。

像“F83”侦听站一样,分布在世界各地的侦听站每天截获难以计数的通过微波传送的谈话或者数据通讯内容。美国国家安全局特别研制了一套识别软件,使得侦听站在无数的电话、传真和电子邮件中准确识别出有用的情报内容。一旦关键词被确定下来,那么整个通讯就会被记录下来,以供进一步的分析。美国情报人员声称,这种情报是用于对付恐怖分子或者毒品交易或者其他目的的。然而,有些人却不这么认为,其中欧洲议会的一名技术专家就说:“这实际上就是一种情报系统,它们为美国国家安全局提供各种各样的合同意向内幕、石油交易和国际贸易等情报。当然除了经济方面的目的外,外交、军事也是主要内容。”

美国国家安全局几乎把全世界都包容在它的电子窃听网中。每天都有来自世界各地的信息源源不断地汇集到这里：哥伦比亚卡利贩毒集团的秘密电话，塞尔维亚导弹和坦克特征的电子显示，美国与欧洲竞争沙特阿拉伯一项飞机合同的传真文件等，几乎应有尽有。所有这些情报都影响着美国的对外政策——从美国在海外部署军队到美国人应对进口小汽车支付多少关税。

国家安全局局长麦康奈尔最近指出："在对外政策或对外军事方面，美国担心的所有事情，国家安全局都提供了非常直接的帮助。"这一切，都离不开巨额资金营造起来的庞大窃听网。

在世界各地安装窃听器并非易事，美国国家安全局通过价值数十亿美元的卫星和外国使馆墙上的普通电源插座窃听情报。窃听员可以坐在行驶在华盛顿使馆区的汽车里，或待在日本北端三津空军基地的掩体中，也可以登上地中海乘风破浪的海军巡洋舰，或坐在波黑上空飞行的U-2侦察机里。

可以这样说，几乎没有哪一国的首相或总统的声音不在国家安全局语言学家的耳机里出现过，他们要么是在办公室打电话时被窃听过，要么是访美期间在饭店房间里会见客人时被监控。例如，有人曾听过安全局的一盘磁带，内容是已故罗马尼亚总统尼古拉·齐奥塞斯库严厉斥责一个下属官员未能完成农业生产指标。在美国领导人会见外国高级官员之前，安全局总是帮他们做充分准备，向他们提供这位官员的最新谈话和书面指示。

美国还不惜重金，把一颗颗间谍卫星发射到太空。当这些卫星运行到目标国上空时，就展开天线，截取该国通过中继塔发射到太空的微波信号。与此同时，设在西弗吉尼亚州和华盛顿的地面站，以及设在英国、德国、日本和澳大利亚等国家的地面站，则把抛物面天线对准普通国际通信卫星，从中截取大量电话、传真、计算机和其他信息。

美国国家安全局的一名士兵说，他原先对停在远离公众视线的安全局大院里的一排面包车并未在意，有一天他朝车里看了一眼，发现那里面装有许多计算机、传真机、电话机和不知用途的监听装置。这些面包车都涂上了当地电话公司的独特颜色,混在使馆、高级住宅和饭店外面的车辆里。哪里有外交官员或外国间谍聚会,哪里就会有这些汽车。

白宫一位外交政策助理透露说:“美国曾在某国驻澳大利亚使馆的每间办公室的混凝土墙里埋设了光纤窃听器，这种细细的玻璃丝在全面的安全检查中没有被发现。直到这件事被泄露给新闻媒体后,才引起该国的警觉,随之而来的是这一情报来源枯竭了。”

第五课

从NSA牌术训练

——学习用“道具”看透人心

我们在电影里都能看到，做特工的人往往打得一手好牌，而NSA的培训中，确实也有一项是专门训练打牌的，这是为什么呢？

引用一位外国作家在《扑克中的泄露》一书中说的几句话——

“当一个人牌不好的时候，他会假装表现得盛气凌人，而如果他的牌确实很好，他就会想给人一种手气不好的感觉。不管是玩牌还是在现实生活中，当人们假装自己有自信的时候，他们往往是在隐藏自己的真实感受来假装自己有多自信。我们再一次举这个例子，当玩牌的人想虚张声势，假装表现地很有自信的时候，他会不假思索地加注（而当他有一手好牌时，他会犹豫片刻，假装自己在思考是否加注）。”

小小的扑克牌，可以用来读懂人心，里面的学问非常之广泛。同样，除了“扑克牌”之外，还有很多“道具”——如同我们想到特工就会想到抽烟、喝酒、打牌一样……生活中这样的“道具”不少，只要留心观察，大到衣食住行，小到弹烟灰的姿势，无一不可拿来识穿人心，看透世情！

猜牌——通过一种“道具”,掌握对手的心理

当坐上扑克牌桌时,总是要竭尽全力赢牌的。

当坐上人生的“牌桌”时,也是想要“赢”的。我们大可以把牌桌上的“阅人术”应用到生活中——如果可以,通过一种“道具”掌握对手的心理和技巧,那么赢得游戏就是轻而易举的事情了。

1.仔细观察——四个办法让你更迅速抓到对手的“马脚”

扑克牌阅人术,有些人把它吹得神乎其神,甚至还有拿牌来“算命”的;有些人则不屑一顾,认为这样一点意思也没有,还缺少了玩牌本身的乐趣。

其实,这既不是无稽之谈,也不是“被神化”。特工牌术训练是一门必修课,被列入美国安全局对员工的必修课程之一,但它的目的不是教人去用牌赢钱,不是教人“出老千”——请别受那些电影的蛊惑!

牌术训练其实是一门博弈课。前面我们已经说过,要学会观察对方的微反应、微表情、微语言,但是,理论和实际还是有很大区别的,这就要求我们用一些“道具”——对于特工来说,扑克牌是个好道具。

让NSA,来教你分辨玩家做出的动作诚实与否的细微差别,让你在牌桌上看人一针见血。

以打牌为例子——

一坐上牌桌就开始进行观察,即使游戏(或比赛)还没开始。

当坐上牌桌时,做的第一件事就是观察其他几个玩家,并试图搜寻

出任何可能泄露他们的玩牌风格，抑或是暴露“马脚”的信息。有时也许真的认出了某个玩家，如果知道他(她)，也许也就知道了他(她)的玩牌风格。比方说，A的胆大好斗是出了名的，如果他和你坐在同一张牌桌上，那么这一点就是非常重要的信息。

对手的基本行为也是搜寻的对象。

他们是怎么坐的、手的位置、脚的位置、身体的姿势、脸部的表情等等，甚至，如果他们嚼口香糖的话，一般的咀嚼频率又是怎样的。所有这些行为都可能在比赛开始后帮助你更有效地进行观察。认准对手的“基本行为”非常关键，因为它们能让你确定对手在何时起了变化。

举例来说，若你注意到对手通常把手放在桌上的位置，如果他们的手在比赛的关键阶段突然向前或向后移动了，那么你就占据了优势，获得了非常宝贵的信息。

一发完牌，就搜寻颇有意味的特定表情和动作。因为大多数玩家都会表现出这样的行为，而且通常都出于同样的原因，所以这些行为叫做“普遍马脚”。比如说，如果玩家过分保护自己的底牌，并且(或者)把筹码币投掷到底池里，那么他很有可能有一手好牌。

不断地收集信息，并寻找行为模式。如果你看到一个人看着手里的牌，咬着嘴唇，然后轮到他叫注时就弃牌不跟，那么要看看这些是否只是随意性的动作，还是些可靠的“马脚”。

如果遇到同样的情况，他一次又一次地重复这些动作，那么可以认为这是能用来对付他的宝贵信息。记住，未来行为的最佳预言者是过往行为。

……

现在，明白了吗？

想让自己的观察变得细致入微，又不被别人察觉到吗？

以下几点可以使你成为一个能力更强的观察者。

一、让观察变成一种生活方式。

有效地进行观察不是一种被动的行为，而是有意识的、经过深思熟虑的行为。除此之外,观察能力的培养还需要付出诸多努力;需要集中注意力来进行观察,并且靠持续的练习来维持这种能力。

要成为一个真正的观察者，最佳的方式就是每时每刻有意识地观察周围的世界。千万不要松懈自己,认为不在牌桌上的时候就可以关掉观察力的开关。

你需要在早晨醒来的那一分钟就开始进行观察，并和周围的世界互动。一直到晚上闭上眼睛睡觉,你都必须不断地进行观察,让周全又细致的观察变成一种习惯。

二、切勿丢掉观察的习惯。

无论是在牌桌上识破对手非语言行为的能力，还是走在大街上观察身边发生什么的能力,都必须业精于勤,不然就容易荒废。如果停止观察,那么观察力就会降低、减弱甚至衰退。观察颇像学外语或做运动:如果不是持续操练,那么将变得迟钝,相应的能力也会随之下降。

三、通过玩观察力游戏来提高观察技能(或保持高水平的观察力)。

观察技能的提高和高水平的保持都有赖于持续的练习，那么最好的练习方法之一就是玩“记忆力游戏”。随时随地都可以玩这一游戏,而且想玩多少次就玩多少次。

这个游戏包括观察日常行为——走进一个房间然后闭上眼睛试着回忆你看到的东西,并尽可能地记起细枝末节。一开始,你会发现很难记住这些东西。但是当你继续投入游戏,会惊喜地发现自己是如此善于重构现实环境,并在脑海里准确地勾勒出来。你将不仅记起现实中很多的事物,而且也会回忆起更小的细节。

四、扩大观察范围。

有些人的观察视野很狭隘,他们只看见眼前的事物,那些事物几乎也就是他们所认为的世界的样子。而其他人的视野则更为广阔,并且能够把观察到的地方扩大。显然,观察视野越广阔越好。宽广的视野可以增加看见事物的机会,并获得更多的信息,不然可能会错过这种机会并失去这些信息。

有个实验可以做一下：笔直地伸出双臂，抬到与肩膀同高的位置，将双手向下，然后摆动手指。如果能看见手指在动，那么两臂之间的距离就是你的视野范围。如果看不见自己的手指，那就将双臂向内靠拢到能看见手指的位置。一旦看见了手指，那么你就知道自己潜在的观察视野有多大。

然而，人们在观察的时候，并没有充分利用全部的视野范围。

他们只是把视野局限在眼前的东西，而不是把视野扩大，将视野范围内的所有事物都囊括进来。学学如何扩展自己的视野范围，生活并不只是眼前的样子！

通过练习，不仅能够看到正前方很远的地方，而且还能够拓宽自己的视野。你会为自己能看到如此多的东西而感到吃惊。(若你想在扑克牌桌上更多地观察你的对手，又不想老是扭脖子挪屁股的话，扩大视野范围就变得尤为重要。)

TIPS：跟翠萍学观察

假如以007系列电影“邦女郎”的形象来做标准，翠萍简直是女间谍的反面教材。她粗鲁无礼，没文化，易冲动，甚至在接到紧急情报时，根本不知道那上面写的什么，去找小学生读给她听。余则成初期对她难以忍受，甚至以一个不合格的“特工”为由，令其打包走人。可以说，大家都在想，这样一个粗放的女子怎样能顺利配合余则成做秘密的情报工作呢？

但是翠萍却非常懂得“包装自己”。她好学，跟着太太学打麻将，跟着晚秋买料子扮时尚，一切改变都是为了更好地掩饰身份。正是因为“有心”，翠萍在艰巨复杂、危机四伏的斗争中，从不成熟走向成熟，由屡次因言行不当而犯错到学会察言观色、机智勇敢地顺利完成各项紧急任务，经历了一个非常真实的变化过程。

她努力学习认字写字，逐步适应天天打麻将与敌特的夫人们打交道，偶尔探听到重要情报的日子，每天说话、办事都要慎之又慎。

正是有了她的细心观察，才能在关键时刻立下大功。她在马太太家看到了躲在衣柜中的洪秘书；她在余则成也被限制行动时，按暗号机智地借口家里钥匙锁屋里了，去找余则成，并从余的暗语中领会了梦话中"把茶叶教给克农"的意思，紧急传递了重要情报。

因此，我们在日常生活中也要学习翠萍，仔细观察，努力学习，只有这样才能成为一名出色的"特工"。

2.处处都是"王牌"——抽烟喝酒、请客吃饭让他"露底牌"

当然，不是所有的人都喜欢玩牌。那么日常生活中，除了扑克牌外，我们还可以上哪里去找几种类似的"道具"——用来看穿人心呢？

其实只要我们回想一下，在我们面对的那些应酬和商务谈判中，有几种基本的"道具"一直在我们身边——抽烟、喝酒、请客吃饭。

只是我们忽略了，那么，从现在开始，观察起来吧！

道具一：香烟

抽烟不是什么好事，但是现在抽烟的人依然非常多，从每个人抽烟的姿势、小动作我们或许能窥探下其性格。从对方拿烟的方式、叼烟的方式、喷烟的方式、弹烟灰的方式、掐烟的方式五个方面观察。

拿烟的方式

1、夹在食指和中指的指尖上——用这种方法拿烟的人一般性情比较平实、安稳，爱说话也亲切，但缺乏决断力，容易随波逐流。

2、夹在食指和中指的指缝里——这种人自我意识强，典型的行动派，容易招致别人的误解和反感。

3、用拇指、食指和中指拿烟的人——电影里是性情冷酷的角色。他们头脑聪明，工作干练，比较骄傲，自我意识过强，反而惹人讨厌。

叼烟的方式

1、叼在右端的人——果断，行动大胆。

2、叼在左端的人——城府深，很难下决断。

3、在嘴唇中央烟头向上衔着——这种人爱慕虚荣，即使有踏实的外表，也因喜好在大大超过自己的能力范围的事情上下赌注而失败。

4、在嘴唇的中央烟头向下衔着——理性，踏实，做事绝不勉为其难。

5、嘴上叼着烟，手上动作不停——自信，能干，对自己的工作自信而感到自豪。

6、咬着烟头，唾液沾湿了烟卷——男性居多，性格中残留着不成熟的幼儿习性的成分。

喷烟的方式

1、把烟喷向自己面前的人的方向——乐于挑战，无视对方，在对方怀有攻击性心理时会这样，顽固不听劝告。

2、把烟向下吹——努力不想把烟弄到别人身上，对人际关系很关心，温和体贴，属于温厚笃实型。

弹烟灰的方式

1、正抽得起劲，却频繁地把烟抖到烟灰缸里——认真而神经。即便烟很短也要抖，属于一种强迫观念，不能轻松放手，时常有精神压力。

2、烟灰积了很多才抖——没有精力，本质上小心又小巧。

掐烟的方式

1、乒乒乓乓地敲打烟头，把有火的部分扔在烟灰缸里弄灭——慎重派。缺乏自己的主张，总想藏在别人的背后，典型附和雷同型的人。

2、把烟头垂直按在烟灰缸里弄灭——不会感情用事，做任何事都界限分明，把工作和娱乐、恋爱和结婚分得很清楚，万一发生婚外恋，也不会抛弃家庭。

3、把烟头折成两段弄灭——性格开朗，但流于轻薄，说话不算数的时候多。

4、把烟头折成三段以上弄灭——看起来很认真，嘴上不说其实很好色，善于游说女性。

5、把有火的部分弄成一个球掐灭——性趣强烈，有色情受虐狂倾向，多性急，武断容易出错。

6、火没掐灭也不在意——爱撒娇，好恶明显，自我中心，不会照顾别人，缺乏协调性。

7、向烟灰缸里倒水——既有完美主义的一面，又有不修边幅的时候，走两个极端。平日很沉静，但行动起来又很迅速，令周围的人摸不着头脑。

道具二：酒

商务应酬少不了酒。俗话说"酒品看人品"，那么，平日你最喜欢喝以下哪种酒？

A.啤酒

B.鸡尾酒

C.日本清酒

D.香槟、葡萄酒

E.威士忌

答案分析：

选择A：喜欢啤酒的你，是一个乐于为别人服务的人，你处事灵活，同周围的人都合得来，所以你的朋友满布天下。虽然你外表看起来有点酷，但实际上却是百分之百的性情中人。

选择B：你是一个重视情调的浪漫主义者，平日做事重感觉不太理智，所以很容易被感情牵制，千万要小心。

选择C：你是一个爱恨分明的人，同自己不太熟悉的人，你一开始就会保持距离；相反，对于曾经帮过自己的人，则会永记于心，绝对是一个有情有义的好朋友。

选择D：你是一个情感丰富的人，很重视其他人对自己的评价，因此你对朋友的要求都很高。

选择E:乐天派,开不开心都会展露在脸上,其他人一看就会看穿;但如果你会将威士忌混入水饮,那就是一个处事非常灵活的人,这类人极度重视人与人之间的和谐,所以一般不会与其他人发生争执。

道具三:吃饭

“吃饭”是人维持自身生存的一种本能。有道是“吃相如人相”,日本著名心理学家涩谷昌三经过多年研究发现,一个人在吃饭这个本能行为中的种种不经意的表现的确可以深层次反映一个人的心理。

从找座位方式看性格

在带别人一起上餐厅的时候会环顾四周后找到空位,然后说:“坐那里吧!”带领大家就座的人,不仅判断力卓越,也极具自信,是会直接表达内心想法的人,但也容易流于独断而惹人厌。

带领着大家就座,却发现位子不够或是有他人先到,于是在店里四处徘徊重新寻找。有这种习惯的人判断力欠佳,且会做出错误判断,经常会出现小失败,不过却反而突显个人魅力,乐于配合他人,老实的性格受人欢迎。

总是跟在大家后面的人,是需要别人照顾或依赖心很强的人,凡事不会自己积极主动,配合周围人的举止而行动,是那种“不会在意细枝末节”、性格大方的人。

马上去问店员哪里还有空位的人,虽然做事会以合理化的方式往前迈进,不过会有以眼前结果(所有人都就位)为优先,而疏忽喜好与气氛等心理因素的倾向,也有不考虑别人意见与想法的一面。

从点菜方式看是否深思熟虑

速战速决点菜的人下决定速度快,但性子急,有想法太过天真、缺乏深思熟虑的一面;拥有领导者特质,但过于独断且不相信别人,有“凡事求快”、“不想落后于人”的竞争心。

犹豫不决,无法下决定的人太过在意别人,缺乏决断力,会因为胃口太大,对不同事物转移焦点而迷失。

“跟大家一样”的人没有主见,总是左思右想,对自己缺乏自信,跟别人步调一致，行动不积极。

会问别人要点什么的人做事很有要领，个性亲切，虽然计划周详，却不会有更深入的想法，与总是跟人点同样菜的人相同，是“同调性”很高的人；如果一边问别人，一边却点了跟对方不同的菜色，是不在乎他人而自行其道的人。

最后还是点了跟别人一样菜色的人遵从多数意见，希望与别人一样的倾向性很强，不会坚持己见，经常会因为配合别人而改变意见，是难以信赖的人，对自己所属的团体归属意识强烈，不喜欢离开集团或让集团产生混乱。

一次点了一大堆，“这个也要，那个也要”是心浮气躁的人，想法与需要非得直接表达才甘心，有点孩子气，不照顺序来，一次全包，浮躁的态度，可说是对失败的可能性缺乏慎重思考的人，也欠缺“随机应变”的弹性。

从吃法可了解是否在意别人言行

开始想吃别人菜肴的人善变，无论如何也都无法得到满足感。对自己缺乏自信，经常在意别人的言行，是那种看到别人比自己优秀就会产生自卑感的类型。在人前一副开朗的模样，但一落单后就会想不开，自寻烦恼。

一道一道吃的人，将好几盘菜从最边缘开始照顺序吃的人，眼前该做的事情就会勇往直前，一旦开始埋头苦干，就毫不在乎周围人的眼光。一件事没有做完，就绝不会心有旁骛。这样的人可以发挥卓越的集中力，对同时进行多项工作就不拿手了。要他们以宽广的视野看待事物，做出权衡的判断是很困难的。在个性上，也有一本正经与顽固的地方。

管好自己的"牌"
——每一个细节都是会说话的

记得《螳螂》电视剧中国民党特工代薇对文物贩子斯文特说："告诉你一个秘密，如果我穿红色的鞋代表友好，白色鞋代表杀戮。而我今天穿的是白色的鞋子。"

可见我们身上每一个细节都是会说话的，如果我们掌握了它们的"身份证"，还愁认不清它们的主人吗？

1.跟女特工学——"精雕细琢"你的细节

《旗袍》中的特工关萍露青春美艳，身着曼妙旗袍，每次的出场都必然是经过"精雕细琢"的，无论是华美的旗袍，还是精致的拎包，抑或是举手投足间都透露着品味与细节。关萍露身处危机四伏的环境里，凭借着善于捕捉细节的双眼，成功化险为夷。因此，我们要向关萍露学细节，将一切可以暴露自己的细节掩盖起来，只有这样才是安全的。

衣服

漂亮衣服总是每个女孩子最关注的东西，而衣服到了女间谍身上，则也成了执行任务的必备武器。晚礼服、露背、低胸，利用服装衣着能有效分散男人们的注意力，在和女特工碰杯喝酒之间，身上重要的信件、钥匙或许已经给盗走了！聚会现场一身惹眼的服装足以吸引全场人的目光，成为掩护同伴的最佳烟雾弹。

另外，女特工的衣着也让观众一饱眼福。在《旗袍》这部紧张刺激的谍战大剧中，关露萍一身华丽的旗袍刚一出现就俘获了老谋深算的丁默群，可是有谁想到这个身着华丽旗袍风情万种的女人竟然是一名代号为"旗袍"的女特工呢?

一般来说，经常穿大方、朴素衣服的人，性格比较沉着、稳重，为人真诚、厚道，这种人在工作、学习上都很认真，办事原则性强，具有高度的责任心;工作起来踏实能干，比较含蓄，不爱张扬;遇事沉着冷静，理智处理。但这类人也有缺点，太过本分，没有一定的创新能力，缺少魅力。

经常穿单一色调衣服的人，多是比较正直、刚强的人;理性思维优于感性思维。

经常穿淡颜色衣服的人，个性比较开朗、活泼;谈吐能力较好，且喜欢交朋友，擅长交际。

经常穿深颜色衣服的人，性格比较稳重，显得有城府、老练;遇事冷静、深谋远虑，常会有一些意外之举，让人捉摸不定。

经常穿五颜六色、款式独特衣服的人，多是虚荣心比较强，爱表现自己而又乐于炫耀，他们任性甚至还有些飞扬跋扈，往往会把事情搞得更糟糕。

经常穿过于高档华丽衣服的人，也有很强的虚荣心，并且自我显示欲、金钱欲很强，是典型物质崇拜者。

经常穿流行时装的人，喜欢跟着时尚走，其最大的特点就是没有自己的主见，也没有自己明确的审美观。这类人大多情绪不稳定，具有朝秦暮楚的特性，无法安分守己。

喜欢根据自己的嗜好选择服装而不跟着流行走的人，独立性比较强，有超人的判断力和决策力，并且有很强的自主性与毅力，一旦制定了目标，就努力完成，不达目的誓不罢休。

经常穿同一款式衣服的人，性格大多比较直率、爽朗，有很强的自信心。这类人态度端正、是非分明;做事认真负责，大胆果断，显得非常干脆利落;对人很讲义气，很遵守诺言;但他们的缺点就是清高自傲，自我意识比较浓，常常自以为是。

经常改换衣服的人以女性居多，一天能换好几次。这类人爱炫耀，喜张扬，特别挑剔；待人不够真诚，做事是个完美主义者。

喜欢穿短袖汗衫的人，性格比较奔放、放荡不羁；为人随和、亲切，热衷于享受，凡事率性而为，不墨守成规，喜欢有所创新的突破；自主意识比较强，常以个人的好恶来评定一切；虽然看起来有些吊儿郎当，但他们的心思还是比较缜密的，无论在什么时候都知道自己是做什么的。因此，他们能三思而行，小心谨慎，不至于因为任性妄为，而做出什么错事来。

喜欢穿长袖衣服的人，个性比较传统守旧，为人处世喜欢循规蹈矩；对新事物持排斥态度，没有创新精神。但他们喜欢争名逐利，自己的人生理想定得也很高。这样的人最大的优点就是适应能力比较强，即使在很艰苦的条件下照样能干出一番事业，所以很受人尊重。这类人很重视自己在他人心目中的形象，希望得到注意、尊重和赞赏，言谈举止都很讲究，衣着很严肃，很庄重。

经常穿宽松自然衣服的人，多是内向型的。他们常以自我为中心，比较孤僻，不愿与他人共处，喜欢独来独往；有时他们也想融入他人的生活圈，但总不能接受别人的缺点与不足，最后还是以失败而告终。做事也缺乏信心与魄力，但比较聪明，有比较独特的见解。他们多是没有朋友，可一旦有，就会是非常要好的，他们的性格中害羞、胆怯的成分比较多，不容易接近别人，也不易被人接近。他们对团体的活动一般来说是没有兴趣的。

经常穿紧身衣服的人，不愿受到约束，常有叛逆心理，但力量微弱，容易被世俗的势力打倒，想超脱又做不到；这类人做事干净利落、生活检点。如果是女性，会很温柔，富有同情心。

喜欢以素雅、实用为原则的人，多是比较朴实、大方、心地善良、思想单纯且具有一定的宽容和忍耐力的人。他们为人亲切、随和。做事脚踏实地，从来不会花言巧语去欺骗和耍弄他人。他们的思想单纯到凡事都会往好的方面想，但对事物并不缺乏自己的独特见解，相反他们具有很好的洞察力,总能把握事物的实质,从而做出最妥善的决定和方案。

穿着马虎的人,缺乏机密性与逻辑性,但很有实力。他们喜欢追求一种与众不同的特性,从而来体现自己与社会的格格不入。这类人通常有行动力,对工作抱有极大的热忱,从事某项工作说到做到,有始有终;但缺点就是不喜欢别人指出自己的缺点,面子心理很重。你一旦在面子上与他过不去,他就会对你有报复心理。所以,要谨慎地与这类人打交道,因为他们心胸比较狭窄。假如必须和这类人打交道,就要学会使用头脑和手段,尽量别招惹他们生气,因为这类人比较注重连带关系和相同意识。

首饰

自然之美固然让人沉醉, 但一些人为的修饰会令人在自然的基础之上增添几分靓丽。佩戴饰物就是装扮一个人的最好方式,千万不要小瞧这些“小玩意”,有时候它可能让你为此丢掉性命。《色戒》中的王佳芝不就是一个很好的例子吗？一个风华正茂的女子, 为了一个坚定的信念,走上了一条救国救民的革命道路。可是有谁能想到就是那个鸽子蛋大小的物件居然打败了一个坚定的信念？

因此通过观察一个人佩戴的小饰品,有助于判断其性格特征。

1.喜欢戴手镯的人

这类人多数是精力充沛、很有朝气和活力的人。他们多是比较聪明和智慧的,并且有某一方面的特长。他们有追求、有理想,在绝大多数时候知道自己想要些什么,并且会主动去追求自己想要的东西,甚至有些时候感到很迷茫仍然不会放弃,而是在行动过程中进行探索。

2.在意衣着搭配,佩戴胸针的人

这样的人是相当重视自己在他人心中的形象的。他们在为人处世方面处处小心和谨慎,不会贸然地作出某种决定。他们有一定的疑心,不会轻易地相信某一个人,即使是对非常要好的朋友,也有一定保留。他们希望自己能够引起别人的注意, 但又总是习惯用谦虚的态度来掩饰这种心理。

3.喜欢用珠宝当做装饰品的人

在很多时候并不是为了突出表现自己的个性，而是为了配合整体造型,以期达到一种整体和谐的程度。这样的人可以称得上是完美主义者,他们凡事总是竭力追求完美。他们的自我表现欲望不是太强烈,更在乎的是自己是否可以完全融入某一种氛围当中,与其他人打成一片。

4.喜欢具有民族情调装饰品的人

一般来说,这种人个性是相当鲜明的,他们总是有自己独特的想法和见解。

5.喜欢佩戴体积大、坠多、璀璨醒目的珠宝的人

这种人多爱招摇和卖弄,他们无论走到哪里,总会吸引许多人的目光。他们比较热情,并且这种情绪还会传染给其他人。他们比较积极和乐观,爱幻想。

6.喜欢佩戴体积小、不太起眼的珠宝首饰的人

此类人多为谦虚而又稳重的人。他们的内心多十分平静,在任何事情面前都能保持顺其自然的心态。他们一般不太希望引起他人的注意,随便、自然一些反倒更好。

7.浓缩内心世界的"魔戒"

(1)戴结婚戒指的人

一个人戴的如果是结婚戒指,那么这枚戒指越大越华丽,则表明这个人的自我膨胀感和表现欲望越强烈。如果戒指是紧紧地套在手指上,则表明他对人非常忠诚,反之亦然。

(2)戴刻有家族标志戒指的人

戴这类戒指的人,说明他对家族是特别重视的,而且想证明自己是这一家族的成员。

(3)戴代表自己生辰标志的戒指的人

大多数戴代表自己生辰标志戒指的人，很想让他人了解和注意自

己，同时也非常想去了解他人，并且会给予他人一定的关注。

(4)戴钻石戒指的人

喜欢戴这类戒指的人希望以此引起他人的注意，他们常会为自己所取得的成就沾沾自喜，而且还有一点骄傲自满，常常容易陶醉在过去的美好意境当中。

(5)戴风信子石的人

这一类型的人，大多非常在乎自己外在的形象，却忽略了内在的修养，所以虽然外表看起来很有魅力，但实质则是腹中空空。他们多有较丰富的想象力，但往往凭一时的心血来潮做事。

(6)戴手工戒指的人

手工戒指多是非常独特和复杂的，对这种戒指情有独钟的人，性格大多也是如此。他们也有较强烈的表现欲望，为了让他人认识和注意自己，他们可能会花费很多心思。他们喜欢标新立异，树立自己独特的风格，并且有十足的信心认为一定会成功。

(7)戴小戒指的人

这一类型的人，大多都有比较丰富的想象力和突出的创造力，只是这些特点时常不适合生活，他们常怀着非常迫切的心情想向他人说明自己的想法。他们的生活态度相对比较积极，在很多时候知道该如何适当地表现自己。

(8)从来不戴戒指的人

这类人不喜欢杂乱和烦扰的感觉。他们在生活中总是力求自然舒适，这样他们才会感到自由，可以无拘无束地表达自己的各种思想和情绪。

鞋

“螳螂”是国民党一号女特工代薇的代号，其真正身份则是接受总统府命令的职业杀手。作为杀手自然要有自己独特的杀人武器，代薇的撒手锏就是脚下的高跟鞋，用鞋跟划开刺杀对象的喉咙给予绝对致命一击。高跟鞋是女人用来增添性感指数的装备，但是在女特工的脚下，除了起到魅惑的作用，还能随时拿出来杀人，这一特长恐怕是所有男特工都望尘莫及的。

在观察他人鞋子的时候，除了注意其美观大方外，还可以通过它对一个人的性格进行观察。

经常穿着最喜爱的一款鞋的人

这种人经常穿着自己最喜爱的一款鞋子，这一双穿坏了，会再去买一双相同的。他们在思想上是相当独立的，知道自己喜欢什么，不喜欢什么。他们十分重视自己的感觉，而不会过多地在意他人怎样看。他们做事一般比较小心和谨慎，在仔细认真地考虑以后，要么不做，要做就会全身心地投入，把它做得很好。他们很重视感情，对自己的亲人、朋友、爱人的感情都是相当忠诚的，不会轻易背叛。

喜欢穿没有鞋带的鞋子的人

这些人并没有多少特别之处，穿着打扮和思想意识都和绝大多数人差不多。但他们比较传统和保守，中规中矩，追求整洁，表现欲望不强。

喜欢穿细高跟鞋的人

即便女性们知晓穿细高跟鞋不便且有危害，但爱美的天性让她们不会在意这些。这样的女性，表现欲是很强的，她们希望能引起他人，尤其是异性的注意。

喜欢穿时髦鞋子的人

在这些人的观念里，只要是流行的就是好的，他们才不管自身的条件是否与流行相符合，是否切合实际。这种人做事时常缺少周全的考虑，所以会顾此失彼。他们对新鲜事物的接受能力比较强，表现欲和虚荣心也较强。

喜欢穿运动鞋的人

具有这种偏好的人生活态度积极乐观，为人较亲切、自然，生活规律性不强，比较随便。

喜欢穿靴子的人

这样的人,自信心并不是特别强,而靴子却能在一定程度上为他们带来一些自信。另外,他们很有安全意识,懂得在适当的场合和时机将自己很好地掩蔽起来。

喜欢穿拖鞋的人

喜欢穿拖鞋的人是轻松随意型的最佳代表,他们只追求自己的感觉和感受,并不会为了别人而妥协。他们很会享受生活,绝对不会苛求自己。

喜欢穿远足靴的人

这类人通常会在工作上投入充足的时间和精力,他们有很强烈的危机感,并且时刻做好准备迎接一些可能突然发生的事情。他们有较强的挑战意识和创新意识,敢于冒险和向自己不熟悉的未知领域挺进,并且有较强的自信心,相信自己能够成功。

喜欢穿露出脚趾的鞋子的人

这类人多是外向型的人,而且思想意识比较前卫,浑身上下充满了朝气和自由的味道。他们很乐于与人结交,并且能拿得起放得下,比较洒脱。

化妆

提到化妆,大家可能相当熟悉了,尤其是女性朋友们,更是习以为常。

运用化妆品和工具,采取合乎规则的步骤和技巧,对面部、五官及其他部位进行渲染、描画、修饰,可以增强面部立体印象、调整形色、掩饰缺陷、表现神采,从而达到美容的目的。

事实上,化妆不仅是改变形象、提升形象的有效手段,它还是人们内心世界通往外界的桥梁。

每个人对装扮都有不同的喜好或倾向,而这种喜好或倾向就是我们有效洞察他人的重要法宝。

喜欢化淡妆

这样的人大多没有太强的表现欲望,希望最好谁也别发现她们。她们只要求能过得去,简单地涂抹一下,使自己不至于过度难看就行。她们大都属于聪明和智慧的类型,不会将时间和精力都耗费在梳妆台前;往往有着自己的设想,而且敢打敢拼,所以大多能获得成功;拥有秘而不宣的秘密,甚至会珍藏一生也不向他人透露;最希望的是别人尊重她们,对她们的难言之隐给予支持和理解。

喜欢浓妆

与喜欢淡妆的人相反,这样的人表现欲望非常强烈。她们不辞辛苦地将各种化妆品涂抹在自己的脸上,并忍受痛苦用各式工具修饰五官,为的是用一种极端的方式吸引他人的目光,而异性的欣赏往往使她们心甜如蜜。前卫和开放是她们的思想特征,她们对一些大胆和偏激的行为保持赞赏的态度。她们真诚、热忱,一些恶意的指责并不能使她们受多大的伤害,她们对他人依然会很尊重。

根本不喜欢化妆

唐代诗人李白的佳句“清水出芙蓉,天然去雕饰”,是对她们最恰当和形象的比喻,这种出自大自然的美往往会给人一种耳目一新的感觉。她们不从表面上看问题,会精心地探究事物的实质,看人也是用自己的眼光去剖析。

从小就开始化妆

这样的人会将自小养成的那套化妆理论和方法,延续到成年,甚至中年和老年。其实这是一种怀旧心理在作祟,美好的过去让她们回味无穷,并以此暂时忘记现实中的烦恼和不如意。但她们依然头脑清醒,不会沉迷其中而忘记现实。她们讲究实际,会极力把握住现在的所有,并且热情,善解人意,拥有很多推心置腹的朋友。

把自己绝大部分的时间都花在化妆上

这样的人为了完成自己的目标不惜花费巨大的代价,任何事情都追求尽善尽美,属于典型的完美主义者。倾尽所有也要使容貌达到自己的要求,最主要的是,她们对自己的才智和财力都有十足的把握,而唯一放心不下的就是自己的外貌。为了成为一块无瑕美玉，只好不停地审视自己，用化妆来掩饰不足，结果却适得其反。

化妆时特别着重某一处

这样的人通常对自己有相当清楚的认识，对自己的优点和缺点知道得一清二楚，善于扬长避短。她们对自己充满了信心，坚信付出就会有回报，所以会脚踏实地为自己的目标奋斗。她们讲究实际，注重现实，不会沉湎于虚无缥缈的幻想之中。她们遇事镇静沉着，对事情的判断坚决果断，但不能纵观全局的弱点往往使她们收获甚微。

喜欢化个性妆

眼皮周围或是黑乎乎的，或是蓝幽幽的；嘴唇也是有时黑有时红，有时大嘴巴，有时小嘴巴。喜欢化如此个性妆的人往往把这种妆当成宣泄情感的一种方式。她们通常具有强烈的反抗心理，主要是自小受到家庭的溺爱，总是要求说一不二。

包

提包在人们的工作、生活和学习中是非常重要的物品，很多时候几乎与人形影不离。正是因为提包具有如此重要的作用，所以，它们在一定程度上可以向外界传达一定的信息，因此我们可以借助包认识它的主人。

喜欢休闲式提包的人

这一类型的人，他们的工作具有很大的伸缩性，自由活动的空间也非常大。正是由于这样的条件，再加上先天的性格，这类人大多很懂得享受生活。他们对生活的态度比较随意，不会过分苛刻地要求自己。他们比较积极和乐观，也有一定程度的进取心，能很好地安排工作、学习和生活，能够在比较轻松惬意的环境中把属于自己的事情做好，并取得一定的成就。

喜欢公文包的人

从一个方面说明了提包主人工作的性质。他们可能是某个企事业单位的总经理,如果是普通职员,也是在比较正规的单位。选择公文包可能是出于工作的需要,但在其中多少也能表现此种人的性格特征。这种人大多办事比较小心和谨慎,对人也会相当严厉。当然,他们对自己的要求往往更高。

喜欢方形提包的人

装有小把手的方形或长方形的手提包，在有些时候可以当成一件饰品。这种手提包外形和体积都相对较小,所以使用起来并不是特别方便。喜爱这一款式手提包的人,多是没有经历过什么磨难的人。他们比较脆弱,遇到挫折容易退缩和妥协。

喜欢肩带式手提包的人

这个类型的人,在性格上相对比较独立,但在言行举止等各个方面却是相对传统和保守的。他们有一些相对自由的空间,但不是特别大,交际圈子比较狭窄,朋友也不是很多。

喜欢小巧精致的手提包的人

非常小巧精致,不实用,装不了什么东西的手提包,一般来说,是年纪比较轻、涉世也不深、比较单纯的女孩子的最好选择。但如果已经过了这样的年纪,步入成年之后,还热衷于这样的选择,那就说明这个人对生活的态度是非常积极而又乐观的,对未来充满了美好的期待。

喜欢具有浓郁的民族风情手提包的人

这种人自主意识比较强,是个人主义者。他们个性突出,往往有着与别人截然不同的衣着打扮、思维方式等。有些时候表现得与他人格格不入,所以他们的人际关系搞得并不理想。

喜欢超大型手提包的人

喜欢超大型手提包的人,性格多是自由自在、无拘无束的,他们很容易与他人建立某种特殊的关系,也会很容易破裂,这也是由他们的性格决定的,因为他们的生活态度太散漫,缺乏必要的责任感。显然他们自己感觉无所谓,但并不是所有人都能接受和容忍的。

喜欢金属质手提包的人

这种人性格多是比较敏感的，能够很快跟上时代的脚步，他们对新鲜事物的接受能力也是很强的。但是这一类型的人，在很多时候并不肯轻易地付出，而总是希望别人能够付出。

喜欢中性色系手提包的人

这种人表现欲望并不是很强烈，他们不希望被人注意，目的是缓减压力。他们凡事多持得过且过的态度，比较懒散。在对待别人方面，也喜欢保持相对中立的立场。

不习惯带手提包的人

这一类人要分几种情况来说，有可能是因为他们比较懒惰，觉得带一个包是一种负担，太麻烦了；还有一种可能是他们的自主意识比较强，希望能够独立，而手提包会在无形当中造成一些障碍。两种情况都是把手提包当成一种负担，可以看出这种人的责任心并不是特别强，他们不希望对任何人、任何事负责。

喜欢男性化皮包的女性

这种人都是比较坚强、剽悍、能干的，并且趋于外向化。

提包内的东西摆放很凌乱的人

这种人的生活是杂乱无章的，奉行的是“无所谓”的随便态度。这一类型的人做事多条理不清，目的性也不是很明确，但对人通常比较热情和亲切。可是由于他们的生活态度有些过于随便和无所谓，所以常常会使自己陷入比较难堪的境地。

提包内的东西摆放很有条理的人

这种人很有原则性，大多具有很强的进取心，办事认真可靠，待人也很有礼貌。一般来说，这一类型的人有很强的自信心，且组织能力突出。缺点是他们大多比较严肃、呆板，会过多地拘泥于生活中的某些细节。

2.跟男特工学——做个“摸不透”的绅士

谍战剧《借枪》、《暗算》、《潜伏》都是以男性为主导，钱之江、余则成、熊阔海，心机、智慧、勇气再加上气质、风度，一个都不能少，这几位男主角的不同特色很大程度上决定了作品的成败……

领带

西服，自诞生之日起就成为男人服饰中的佼佼者，而且这个地位一直到今天也没有动摇。但是西服有一件辅助饰物却让男人大伤脑筋，那就是领带的打法和色彩的搭配。领带的作用类似于女士的丝巾，但男人的行事原则和人品秉性却可以完完全全地通过领带的打法及颜色的搭配展现出来。

领带结又小又紧的人

这种男人若身材瘦小，则说明他们是有意凭借小而紧的领带结，让自己在他人匆忙的一瞥中显得高大一些。如果他们并无体形之忧，则说明是在暗示别人最好别惹他们，他们不会容忍别人对自己有半点轻视和怠慢。这是气量狭小的表现。由于在生活和工作中谨言慎行，疑心甚重，他们养成了孤独的性格。他们凡事先想到自己，热衷于物质享受，在金钱方面很吝啬，一毛不拔，几乎没有什么人愿意和他们交朋友，他们也乐于一个人守着自己的阵地，孤军奋战。

领带结不大不小的人

男人配上这种领带结，大都会容光焕发，精神抖擞。他们可以获得心灵上的鼓舞，会在社交场合注重自己的言谈举止，所以不管本性如何，都显得彬彬有礼。由于认识到领带的作用，他们在打领带结的时候常常一丝不苟，把领带打得恰到好处，给人以美感。这类人通常会把大部分的时间放到工作当中，且安分守己，勤奋上进。

领带结既大又松的人

打这种领带结的男人所展现的风度翩翩绝不是矫揉造作，而是货真价实，是他们丰富的感情所展现出的风采。他们不喜欢拘束，喜欢积极拓展自己的生活空间，喜欢主动与他人交往，有高超的交往艺术，在社交场合深得女人的欢心和青睐。

领带绿色、衬衫金黄色的人

绿色象征生命和活力，是点缀大自然的最美妙的颜色；金色代表收获和金钱，是财富与权势的徽章。这样搭配领带和衬衫的男人富有青春活力与朝气，想什么就做什么，不喜欢拖泥带水，对于事业充满信心。不过有时容易鲁莽冲动，自控能力比较差。

领带深蓝色、衬衫白色的人

“蓝领”代表职工阶层，“白领”代表管理阶层，他们将两者融合到一起，上下兼顾，少年老成，同时不乏风度翩翩。这类人往往对工资十分关注，事业心极重，在奋斗过程中常常表现得急功近利。

领带多色、衬衫浅蓝色的人

五彩缤纷是人们对美好事物的形容，充满了迷离和诱惑，普通人和勤奋的人往往对此敬而远之。选择这种领带和衬衫的人拥有一股市井气息，热衷于名利；路边的野花常常使他们心猿意马，所以，这类人容易见异思迁，追逐的目标总是换了一个又一个。

领带黑色、衬衫白色的人

黑白分明是对于阅历丰富之人的形容，所以喜欢这种打扮的人多为稳健老成之人。由于经历得多，所以感悟也会多，他们懂得什么是人生的追求，善于明辨是非，相信“善有善报、恶有恶报”，正义在他们身上得到了最大的展现。

领带黑色、衬衫灰色的人

这种打扮的人给人一种不舒畅的感觉。他们在穿着之时必先照镜子，能够接受镜中的压抑则说明他们有很深的忧郁，而这份忧郁是气量狭小所致，他们选择这身打扮，正是为了掩盖这个缺点。在工作当中，老板考虑到其他员工的情绪，常常会请他们卷铺盖走人，所以他们会经常换工作。

领带红色、衬衫白色的人

红色象征火焰，代表奔放的热情，更是一种积极和主动的表现，所以男人选择红色领带，大概是想追逐太阳的光辉，以使自己成为注意的焦点。他们本应该属于充满野心的类型，但白色代表纯洁，是和平与祥和的象征，白色衬衫配红色领带能让别人对他们刮目相看，感受到他们如火一样的热情和纯洁的心灵。

领带黄色、衬衫绿色的人

这种搭配的人能用辛勤的耕耘换取丰硕的收获，按照理想设计自己的生活和人生，并勇于实施，他们流露出的是诗人或艺术家的气质。他们相信付出就会有回报，所以不会杞人忧天地担心是否会因为意外的暴风雨而导致颗粒无收。他们与世无争，保持柔顺的性情，对人非常和蔼可亲。

不会打领带的人

连打领带这种小事都要人代劳的人，大都心胸豁达而不拘小节。他们或是有某种常人没有的绝技在身，或是先天具有领袖才能，使他们不屑将精力消耗在打领带这样的细节问题上。他们通常性情随和，有同情心，朋友甚多，口碑亦好，且夫妻情笃、家庭祥和。

手表

"一寸光阴一寸金，寸金难买寸光阴。"一个人对时间的看法，很大程度上是由个人的性格决定的，而时间对人具有什么样的影响，很多时候又能通过所戴的手表传达出来。这两者之间有着非同一般的关系，下面就针对这一点进行说明。

喜欢戴按键电子表的人

这种电子表，只要按一下显示时间的键，就会出现红色的数字，如果不按，则表面上一片漆黑，什么也看不见。喜欢戴这一类型手表的人多是有些与众不同的。他们独立意识非常强烈，从来不希望受到他人的控制和约束。他们善于掩饰自己的真实情感，所以在别人看来，他们是特别神秘的，而他们自己也非常喜欢这种神秘感，乐于让他人对自己进行各种猜测。

喜欢液晶显示型手表的人

这类人在生活中多比较节俭，知道如何精打细算。他们的思维比较单纯，对简捷方便的各种事物比较热衷，而对于太抽象的概念则难以理解。他们在为人处世方面多持比较认真的态度，不会显得特别随便。

喜欢戴闹钟型手表的人

他们大多对自己要求特别严格，总是把神经绷得紧紧的，一刻也不放松。这一类型的人虽算不上传统和保守，但他们习惯于按一定的规律和规定办事，在争取成功的过程中，任何一件事都是以相当直接而又有计划的方式完成的。他们非常有责任心，有时候会在这方面刻意地培养和锻炼自己。除此之外，他们还有一定的组织和领导才能。

喜欢戴具有几个时区手表的人

这类人多是些不现实的人。他们有一定的聪明和智慧，但一切都只是想象而已，不会努力付诸实践。做事常常三心二意，这山望着那山高。在一些责任面前，常以逃避现实的方式面对。

喜欢戴古典金表的人

这种人多具有发展的眼光和长远的打算，他们绝对不会为了眼前的利益而放弃一些更有发展前景的事业。他们思维缜密，头脑灵活，往往有很好的预见力。他们的思想境界比较高，而且非常成熟，凡事看得清楚透彻。他们有宽容心和忍耐力，又很重义气，能够与家人、朋友同甘共苦、生死与共。他们有坚强的意志力，不会轻易向外界的一些困难和压力低头。

喜欢戴怀表的人

这个类型的人多对时间具有很好的控制能力，虽然他们每天的生活都是忙忙碌碌的，但是却不是时间的奴隶，而懂得如何在有限的时间里让自己放松并且找到快乐。他们善于把握和控制自己,适应能力非常强,能够很好地调整自己的心态。他们多有比较强的怀旧心理,乐于收集一些过去的东西。他们言谈举止高雅,有一定的文化修养。他们有比较浓厚的浪漫思想,常会制造一些出人意料的惊喜。他们为人处世具有耐心,很看重人与人之间的感情。

喜欢戴上发条的表的人

这一类型的人独立意识都比较强。他们自给自足,很多事情都坚持自己动手。他们乐于做那些可以马上见到成果的工作,如干一次体力活。他们最看重的是自己所获得的那种成就感,但在这个过程中,他们又不希望一切都是轻而易举就获得的,那样反而没有了意义和价值。他们并不希望得到他人过多的关心和宠爱。

喜欢戴没有数字的表的人

这一类型的人抽象化的理念较为强烈,擅长观念的表达,而不希望什么事情都说得十分明白。他们很在意对一个人智力的锻炼和考验,认为把一切都说得太明白就没有任何意义了。他们很喜欢玩益智游戏,而且他们本身就是相当聪明和智慧的。他们对一切实际的事物似乎并不是特别在乎。

喜欢戴由设计师为自己设计的手表的人

这一类型的人大多非常在乎自己在他人心目中的形象和地位,并且可以为了迎合他人而改变自己。他们时常会大肆渲染地夸张一些事情,以证明和表现自己,吸引别人的注意。

不戴手表的人

这类人大多具有比较独立自主的性格,他们不会轻而易举地被他人支配,而只喜欢做自己想做并且也愿意去做的事情。他们的随机应变能力比较强,能够及时地想出应对的策略,而且非常乐于与人结识和交往。

谁都想掩饰自己的底牌

美国特工在上第一课时，教授让所有的新学员依次用表情表现愤怒、恐怖、漠不关心、幸福、悲哀，并用录像机录下来，然后放给大家，让大家猜哪种表情表现哪种感情。结果大家猜测正确率达95%。然后教授让出色的特工们表现上述表情供大家猜测，结果正确率只有20%，当表现者做出的是愤怒的表情时，有的人却认为是悲哀的表情。

人生如棋牌，天下最难以捉摸的一张牌，即为对手的“底牌”。底牌是人保护自己、攻击对手的武器之一。别人要掩盖自己的底牌，我们就要想方设法探得别人的底牌，这样才能未雨绸缪，在对方打出底牌之前想出应对之策，避免被他的底牌所伤。

弗洛伊德曾经说过：任何人都无法保守他内心的秘密，即使他利用一切手段掩饰自己内心的真实想法，但他的指尖却喋喋不休，甚至他的每一个毛孔都会背叛他！

在美剧《别对我撒谎》中有一个有趣的情节，主人公莱特曼等了半天终于等到一个停车位，可是在他刚要倒车去停车的时候，突然一辆车飞驰而来抢占了车位。莱特曼问抢车位者：“难道你没看见我正在等车位吗？”对方摇摇头，无辜地说：“没有，我也在等车位。”莱特曼说：“你刚才说谎的动作非常典型，在摇头说‘不’之前先轻轻点了点头……”就这样一个不经意的点头动作，泄露了抢车位者的谎言。由此可见，只要仔细观察，对方不经意的多余动作依然可以告诉我们他真诚与否。

1.拉拽衣领：隐藏谎言后的恐慌

英国著名动物学家和人类行为学家德斯蒙德·莫里斯观察发现，人们在撒谎时会下意识地拉拽衣领，原因是撒谎使敏感的颈部神经产生刺痒感觉，因此人们会下意识地通过摩擦或者抓挠的动作来消除这种不适。所以，当看见对方在同你讲话时频频拉拽衣领，可以推测出，他可能是因为撒了谎而正在担心谎言被识破。

男士和女士，谁更爱拉拽衣领？

观察发现，现实生活中，男士比女士更喜欢拉拽衣领，这是因为男士平时穿西服、衬衣比较多，而女士的衣服种类更加多样，而且很多是不带领子的，因此客观条件决定了男人更爱拉拽衣领。

例如男女相处时，女士最喜欢问“你的前女友长什么样子”、“她的性格怎么样？”而对于妻子来说，丈夫前任女友的情况更是让她好奇。妻子总认为自己有权知道丈夫过去女友的真实情况，她有多好，她有多美。丈夫们被询问这些问题时，总是会很烦躁，而且如果这次说的细节和上次的不一样，还会引发大战。因此，聪明的男人总是淡淡地说一句：“我过去的女朋友，就那么回事。”但是仔细观察会发现，在说这些话或者说完时，男人总会下意识地拉拽自己的衣领，因为用以搪塞的谎言让他们心虚，他们担心谎言被妻子拆穿。如果妻子继续追问，丈夫拉拽衣领的动作可能还会再次出现。

相应的，同样的问题如果放在女士身上，她们的反应可能是撒谎转移话题或是在说话时将脸转向别处，而很少有拉拽衣领的动作。我们也可以这样理解，女士更注重仪表仪态，而拉拽衣领的动作会看起来比较男人气，女士会较少做出这个动作。因此，我们并不能根据拉拽衣领的次数来断定男人比女人更容易撒谎。

伴随拉拽衣领的面部表情

如果不能单凭拉拽衣领来判定对方是否撒了谎，我们还可以观察表情。因为如果对方撒了谎，他在拉拽衣领的同时还会有细微的面部表情。

躲开直视的眼神

一个人在撒了谎时，总是不敢直视对方的眼睛，因为大家都知道眼神是最容易泄露秘密的器官。设想假如你撒了谎，在面对人期待抑或审判的眼神时，会表现出自然的神态来吗？答案是否定的。从对方闪躲的眼神和下意识地拉拽衣领的动作,我们基本可以确定他正在撒谎。如果继续观察,他还会有其他表情透露他撒谎的信息。

微笑时细纹只出现在嘴四周

科学家研究发现,自然的笑容会让人的眼睛四周出现细纹,而在一张不真诚的笑脸上,只是人的嘴角轻轻上扬,因此细纹只会出现在嘴的四周。真心的笑容是一种下意识的面部动作,它不受大脑直接控制,而是面部肌肉自主运动的结果。而当你觉得非笑不可时,大脑发出发笑的指令,然后由你亲自去调动脸部肌肉的运动,这样整个笑容就会不自然。

拉拽衣领一定是撒谎了吗?

在很多电影场景中我们会看到,男主角在看到自己喜欢的女孩被别的男人保护时,总会非常急躁和不安,于是他会使劲地拉拽自己的衣领,解开衬衣的第一个纽扣,在打着领带时会急躁地松开领带。

这个动作的产生,是因为人在烦躁时火气很大,使劲将衣领拽离自己的脖子,下意识地想让凉爽的空气钻进衣服里,好透透气。

因此,拉拽衣领并不一定是在撒谎。当看到对方在做拉拽衣领的动作时,如果不能确定他是对你们对话的下意识反应,还是因为他自己心情烦躁。你可以真诚地微笑着询问对方——

"您是不是有什么不舒服?您有什么话就直说好吗?"

"请您再说一遍刚才的话,行吗?"

这样,在对方反馈时就会露出他更真实的意图。

2.抓挠脖子:口是心非

如果在交谈过程中,一个人说:"我非常理解你的心情。"同时,他在抓挠着脖子,那千万不要轻易相信他说的话。他抓挠脖子的动作已经泄露了他心中的秘密,那就是他并不能理解,他此刻正在口是心非!

看他是怎样抓挠脖子的?

心理学家研究发现，人们抓挠脖子一般是用食指抓挠脖子的侧面或者耳垂下方那块区域，而且食指运动的次数一般为五次左右。这个动作代表的意思一般是对于所说话语的不确定或不安。

宋佳是一名新进职员，工作了一段时间之后，她发现公司存在很多问题。宋佳是个非常有责任心的人，所以勇敢地跑去找总经理反映问题。总经理听完宋佳一番激动的说辞之后，会心一笑，说："我觉得你说得非常有道理，我会和上级领导讨论这几个问题的。"

过了很长一段时间，宋佳提出的问题仍然没有得到改善。宋佳百思不得其解，为什么领导当时觉得自己的建议提得非常有道理，可是却迟迟不给出反馈呢？

后来，宋佳在看了美剧《别对我撒谎》后才明白——当总经理说"我觉得你说得非常有道理，我会……"一句话时，他的手在摩擦着自己的脖颈。

当时宋佳没觉得这个动作有什么不自然，只是认为这是总经理的一个习惯性的动作，没想到这个动作传达的是总经理对她提出的意见持保留态度，只是不愿当面打击她的热情而已！

怎样说话可以让对方把手从脖子上拿下来？

如果我们不像宋佳一样，对对方抓挠着脖子说出的话深信不疑，那么，就可以在识别对方"口是心非"的痕迹之后，扭转说话方式，让对方从怀疑和否定的态度变为思考进而演进到肯定的态度。

在宋佳给总经理提完意见后的一个月，在公司工作了一年的叶莉也走进了总经理的办公室。叶莉也是来提意见的，但是叶莉的意见是关于自己薪酬的。叶莉觉得自己在公司工作了一年，不论业务能力还是共事能力都有了很大程度的提高，而她目前的工资水平和她的能力不匹配。

叶莉说完这些情况后，总经理笑了笑，将后背靠在椅子上，抓挠着脖子说："你说的这些公司都考虑到了，我们也承认你的能力确实有了一定程度的提高，但是我觉得你还有很大的提升空间；而且你的工资水平在和你同期进公司的人里面已经是相对比较高的了……"

当叶莉意识到自己的请求马上就要遭到否决时,马上改变策略,勇敢地针对总经理的顾虑提出了一个建议, 这个建议让总经理对叶莉的看法顿时改变。公司正要开发年度新产品,叶莉许下诺言,要帮公司的新品开发做出一份漂亮的策划书,如果策划书获得认可,公司就要为她涨工资;如果策划书被否决,她的工资水平就维持原状。

总经理被叶莉的魄力征服了,摸着下巴,赞许地点了点头说:“好,就按你说的来。”

从总经理把手从脖子挪到下巴的一刹那,我们知道,叶莉已经获得了成功。

番外:谁最有可能是特工?

☆肩负使命的商人

为了掩护自己,便于进行情报搜集,特工常利用工商业的合法性来开展特工活动。掩护特工情报机构进行活动的商号、企业,有官办、半官办的,也有私营的。即便两国断绝关系,或是在战争期间,这些单位都可以存在。一旦特工活动暴露,也不会涉及大使馆,或给大使馆造成直接牵连。

商人,尤其是从事对外贸易的商人,有令人信服的理由前往世界各地的任何一个角落,如从事考察投资环境、交货运货等商务活动。而待考察的所谓“投资环境”内容十分广泛,从另一种角度来说,其本身就是一种综合性的情报,它包括一个国家或地区的政治局势、军事动态以及经济发展趋势等。因此,以商人为掩护身份的特工具有隐蔽性,也有条件在商务工作中搜集到有价值的军事、政治、经济和高科技情报。

20世纪80年代以来, 美国中央情报局一直强调建立以商业机构为掩护、以经济联系为招牌的情报站,开展秘密活动,以求获得更多的情报资料。为寻找非官方的掩护机构,美国中央情报局曾利用各种控股公司开展情报活动。这些公司表面上是私人经营的，实际上是中央情报局控制和资助的。在这些公司的掩护下，大批特工情报人员进行特工情报活动。另外，有些退休的中央情报局官员，以某种方式与中央情报局合资开办企业，为中央情报局的特工活动提供掩护场所。

1990年7月，美国参议院曾通过一项法案，允许"美国国防部的军事情报官员公开经商，并以商人的身份充当密探的角色，以便为海外情报搜集工作提供安全保证"。由此可见，这些人的"商人"称谓只不过是涂在身上、掩护其非法特工活动的保护色而已。

☆貌似忠诚的科研人员

在高科技情报已经成为各国情报机构关注重点的时代，只懂得军政情报需要、缺乏高科技知识的情报人员已显得落伍，无法满足当今高科技情报搜集需要。要打入目标科研单位并获得高科技情报，搜集情报的人自身应当具有一定的科研学术水平。

据叛逃到美国的前法国对外安全总局局长马里翁透露，数年前，美国国际商用机器公司准备招聘一批法国计算机专家在其法国分公司工作。法国对外安全总局的谍报人员决定利用这个机会，对IBM开展秘密情报搜集活动。他们秘密选派了三名精通计算机的谍报人员，以计算机专家的公开身份，成功地打入了IBM法国分公司。在公司里，他们工作积极努力，深得老板的赏识。不久，他们开始利用工作之便，寻找机会窃取公司的核心技术情报，并将有关资料交给了法国企业。

1986年8月23日，在美国纽约地铁站台上，一个衣着得体、英语流利的前苏联人正在翻阅一份有关美国国防计划基础的机密文件，就在这时，他被美国联邦调查局特工逮捕。此人名叫扎哈罗夫，是克格勃训练有素的物理学家，其公开身份为前苏联驻联合国组织科学技术专家。在近4年时间里，他活跃在美国大学校园里，物色、培养和发展可能为前苏联提供技术和军事情报的人选。

☆海外游子——留学生

留学生身份也是许多国家和地区的特工惯用的掩护身份。留学生不仅可以方便地出入各院校实验室，了解外国科技研究动态，还可以与院校里的专家、学者或大学生进行大量的接触，从而掌握他们的情况，并伺机发展合适的人选为己方特工。

20世纪30年代期间，日本海军军官纷纷到美国留学，其中有的是伪装成留学生从事特工活动的，宫崎岁男就是这样一个伪装者。宫崎于1933年作为交换留学生来到美国，在加利福尼亚的斯坦福大学学英语。年仅28岁的汤普森是马里兰州农场工人，他在海滩上闲逛时遇到了宫崎。这位日本军官向他提供每月500美元的报酬，外加各种费用和资金，要他侦察美国海军的情况。汤普森为此买了一套海军军士的军装，登上在圣帕德罗和圣地亚哥基地停泊的数艘美国军舰，打听火炮数据、技术改进以及有关军事演习的情况。宫崎一案是美国情报机关在30年代破获的第一个日本特工案件。

☆流离失所的难民

难民作为特工的掩护身份，会受到某些条件的限制，因为驻在国谍报机构对来自外国的难民都心存警惕，并进行相关审查。但是，对于谍报部门来说，没有不可能成功的事情，只有想不到的办法。

1984年11月15日，卡尔·科契尔和汉娜·科契尔在美国被联邦调查局拘捕，罪名是为前苏联和捷克情报机构从事谍报活动。据悉，卡尔·科契尔是捷克情报机构和前苏联克格勃通过派遣打入美国中央情报局的第一个特工。他们夫妇俩在美国活动了长达20年之久，为捷克和克格勃提供了上千份密级文件。就是这样一名综合素质如此出色的大特工，其最初的掩护身份竟然是让人意想不到的难民。1962年至1965年，科契尔接受谍报业务训练，经过精心准备后，于1965年9月，以难民掩护身份，携妻汉娜“逃往”奥地利，同年12月4日移民到美国。从此，他们在美国的谍报生涯正式开始了。历经磨难，科契尔没有辜负捷克和前苏联情报机构的期望，于1973年2月被中央情报局录用为翻译和情报分析员。在此后的十多年里，科契尔夫妇取得了非凡的成就。

一步一步地打入到西德总理勃兰特身边的东德著名大特工海因茨·纪尧姆是德国东柏林人。1954年，民主德国国家安全部派他潜伏到联邦德国活动。他和妻子以难民身份来西柏林，申请定居。由此开始了近20年的特工生涯。

☆演艺圈明星

秘密的特工世界从一开始就与性的利用结下了不解之缘。从《圣经》记载的参孙的情妇迪耐娜用色相勾引参孙最后将其出卖，到今天的核武器时代，无数特工祭起色情法宝，获取情报。尤其是过去50年间，色情特工的确取得了令人瞠目结舌的成就。色情特工可能伪装成风骚的妓女，可能装扮成美丽的职员，还有可能是知名的演艺明星。

玛莉·哈莉出生于荷兰，离婚后迫于生计，到巴黎寻找出路，靠卖笑为生。后来她表演舞蹈，很快风靡巴黎，成为舞星，不少政界要人、富家子弟都拜倒在她的石榴裙下。1914年，她成为德国特工。至1917年，她为德国搜集了大量情报，尤其是法军在地中海的运输情况。她是一名出色的色情特工，为法国和德国这两个对手同时提供情报，被称为“谍报女王”。玛莉·哈莉案件被称为第一次世界大战中最富刺激、影响最大的特工案件。

20世纪50年代后期，为了刺探澳大利亚导弹基地和核能发展的情况，前苏联向澳大利亚派遣了大批特务，其中一名叫丽达·艾略特。克格勃在她擅长一些杂技的基础上，将她训练成一名高空走钢丝演员。她到了澳大利亚，以其高超的技艺和惊险动作吸引了许多观众，名声大震。丽达同各界名流交往，成了上流社会红极一时的交际花。她凭自己的名声和美色很快地同澳大利亚政府的官员和重要人物打得火热。丽达选定对象后，就把他勾引到自己的寓所，用催眠术或麻醉术套取情报。

第六课

从NSA"墨迹术"

——学习操控与反操控技巧

在《别对我说谎》中，有一个罗尔沙赫氏测验，通常也被称作"墨迹测试"，利用的是两侧大致对称，然而模糊不清、模棱两可的墨迹图。

它的原理是：一个人对墨迹图的主观描述，会将其隐藏在潜意识中的欲望、需求、动机冲突等反映到刺激上。

NSA内部所用的攻心术与墨迹图的原理相同，但是由于NSA成员的隐蔽性，他们只采用口头形式——在生活中也是如此，这就是我们要学的操控与反操控技术。

墨迹术之一：诱导术

"在无对抗条件下，用含蓄、抽象诱导的方法对对方的心理和行为产生影响，从而使对方按照一定的方式去行动或者接受你的意见，使顾客思想、行为与你的期望相符合。"

1.欲擒故纵，巧妙化解防御心理

核心策略：

采用与现实目的背道而驰的手段，有的放矢地瓦解对方的防御心理，使对方自动上钩。

故事：

一位客户正欲购买一套音响设备，但由于品种规格太多，加上经济能力有限，一时难以决断。当他徘徊不定时，推销员看穿了他的心思，对他说："我看得出您很想买套音响，但不可否认这些东西的价格都很昂贵，必须经过慎重考虑后才能决定，您不妨再到其他商城看看比较一下，这对您是有利的，俗话说货比三家不吃亏，所以还是慎重些为好。"

这名客户虽然真的去其他商城进行了观察和比较，但最终还是回到这家商城，毫不犹豫地购买了一套音响。

有一天，一位推销员兜售一种炊具。他敲开了安徒生先生的门，安徒生的妻子开门请推销员进去，说："我先生和隔壁的史密斯先生正在后院，我和史密斯太太愿意看你的炊具。"

推销员说："还是请你们的丈夫也到屋子里来吧！我保证他们也会喜欢我的产品。"于是，两位太太"硬逼"着他们的丈夫也进来了。推销员做了一次极其认真的烹调表演，然后又用安徒生太太家的炊具煮，以做比较。这给两位太太留下了深刻的印象，但男人们显然对这种表演毫无兴趣。

一般的推销员如果看到两位主妇有买的意思，一定会趁热打铁，鼓动她们买。但这样做还真不一定能推销出去，因为越是容易得到的东西，人们往往不觉得它珍贵，而得不到的才是好东西。这位聪明的推销员深知这个道理，他决定采用"欲擒故纵"诱导术。

他洗净炊具，包装起来，放回到样品盒里，然后对两对夫妇说："嗯，多谢你们让我做了这次表演。我很希望能够在今天向你们提供炊具，但今天我只带了样品，你们以后再买吧！”说着，推销员起身准备离去。

这时，两位丈夫立刻对那套餐具表现出了极大的兴趣，都站起来，想知道什么时候才能买到。

安徒生先生说：“请问，现在能向你订货吗？我确实有点喜欢那套餐具了。”

史密斯先生也说道：“是啊，你现在能提供货品吗？”

推销员真诚地说：“两位先生，实在很抱歉，我今天确实只带了样品，而且什么时候发货，我也无法知道确切的日期。不过请你们放心，等能发货时，我一定尽力安排。”

安徒生先生坚持说：“哦，也许你会把我们忘记了，谁知道啊？”

这时，推销员感到时机已到，就自然而然地提到了订货事宜，于是说：“噢，也许……为保险起见，你们最好还是付一下定金吧，一旦公司能发货就给你们送来。”

“哦，那好吧。”两对夫妇很痛快地就答应了。

专家分析

欲擒故纵诱导，不同于开门见山、直奔主题的推销方法，要根据客户的态度随机应变地运用欲擒故纵诱导营销术，掌握成交的主动权。

1.摆出机不可失的架势

“还得考虑四五天。”

“哦！是真的吗？我知道啦。不过，四五天以后我还要忙于开拓新的市场，恐怕您就没有这份运气哦！”

一边说一边整理说明资料，摆出一副惋惜的神情。

2.限量——物以稀为贵

顾名思义，就是对所有商品的数量进行限定。

“这件艺术珍品很珍贵。”

“我们不想让它落到附庸风雅、不懂装懂的人手里，那些只有钞票的人，我们根本不感兴趣。只有像您这样真正有品味、特爱艺术、懂得艺术的人，才有资格拥有这么出色的艺术珍品。”

但采用这一做法时，一定要掌握分寸，千万不能给人以粗暴无礼的感觉！

2.破窗理论，通过环境暗示来影响他人

核心策略：

根据自己在生活中的预期目的，对环境暗示加以利用、掌控。

故事：

美国斯坦福大学心理学家菲利普辛巴杜于1969年进行了一项实验：他找来两辆一模一样的汽车，其中一辆完好无损，停放在帕罗阿尔托的中产阶级社区，而另一辆停在相对杂乱的纽约布朗克斯区。停在布朗克斯的那辆，他把车牌摘掉，把顶棚打开，结果当天就被偷走了。而放在帕洛阿尔托的那一辆，一个星期也无人理睬。后来，辛巴杜用锤子把那辆车的玻璃敲了个大洞。结果，仅仅过了几个小时，它就不见了。

专家分析

以这项实验为基础，政治学家威尔逊和犯罪学家凯琳提出了“破窗效应”理论，认为：如果有人打坏了一幢建筑物的窗户玻璃，而这扇窗户又得不到及时的维修，别人就可能受到某些暗示性的纵容去打烂更多的窗户。久而久之，这些破窗户就给人带来一种无序的感觉，结果在这种公众麻木不仁的氛围中，犯罪就会滋生、繁荣。以上两个实验都是针对犯罪领域进行的，但环境对心理的暗示并不仅限于犯罪心理学。

从人与环境关系的角度上看，我们生活中的很多行为都受到环境

的影响,如自然环境、社会环境、社交环境,可以说每一个人都是环境的产物。

环境所产生的巨大而持久的暗示力量，能够在潜移默化中影响人们的商业行为。我们可以对环境暗示加以利用把握,从而在一定程度上操纵对方的心理,掌握主动权。

1.一般来说,一个人在自己最熟悉的环境中,言谈举止表现最为自信和从容。而陌生的环境会让人缺乏安全感,容易给人造成心理压力。

日本的钢铁和煤炭资源短缺，日本的钢铁企业渴望购买煤和铁等矿产资源，而澳大利亚富产煤和铁，并且在国际贸易中不愁找不到买主。按常理说,日本人应该到澳大利亚去谈生意,但是日本人在进行生意洽谈的时候,总是想尽一切办法把澳大利亚人请到日本来。

澳大利亚人一般都比较谨慎，讲究礼仪，而且在日本进行商业谈判,澳大利亚人不会过分侵犯东道主的利益。澳大利亚人到日本去后,日本方面和澳大利亚方面在谈判桌上相互地位就发生了显著的变化。这也是为什么日本公司在进行商业谈判的时候，宁愿花费大额的招待费用也倾向于将谈判桌放到自己的主场进行。

2.利用环境布置达到震慑对方心理的目的。通常人们在面对庄严或者肃穆的环境时,由于条件反射,会表现得紧张、谨慎和小心翼翼。

曾经有一家公司做过这样的实验，让两个接受测试的人员分别去和公司经理进行内容大致相同的谈话。

其中甲被安排的谈话地点是一个装修十分考究、室内色彩以深色调为主的办公室,走廊及室内都陈列了名贵的家具及摆设。并且在正式开始谈话之前,甲还要经过秘书的仔细盘问才得以放行。

而乙的谈话地点被安排在一间普通的办公室,房间的布置很随意,色彩柔和。在乙前往谈话的途中,秘书面带微笑,非常友好地为乙指路。

通过观察甲乙两人的实际表现后发现，两个人在与同一个人的谈话过程中的表现大相径庭。甲在谈话中表现出了明显的紧张与不安,而乙却表现得从容自如。

3.利用环境来制造商品和服务的高端定位。

很多从事家居建材的商家推出了消费者体验店的销售形式——把所购买的商品放置到模拟的环境布景中进行展示。店家通过精美的装修,在体验店内营造的灯光效果、划分的空间布局等方面都好于一般家庭的真实场景。这是一种典型的利用环境进行心理暗示的方式。

好的商品和服务能够带来更好的心理满足度，而消费者通常也很愿意为这份心理满足花更多的钱。

其实不仅是家居体验店如此。观察一下身边,房地产商推出的样板间、有些餐厅推出的音乐演奏服务等,都是利用环境在传达“高品质”的心理暗示。

3.逆反心理,当你不卖的时候,他却偏偏要买

核心策略:

我们在平常处理人际关系的时候，一方面要避免引起他人的逆反心理,以便避免人际关系中的“死穴”;另一方面还要学习刺激他人的逆反心理,引起别人的好奇心,让别人产生强烈的与我们做朋友的愿望。总之,我们要从正反两个方面调动他人对我们的积极性,使自己更受关注。

故事:

某公司经理的私家车已经用了很多年,经常发生故障,已经不能再用了,他决定换一辆新车。这一消息传出,于是很多的推销员都跑到经理这里向他推销轿车。

每一个推销员来到经理这里都是滔滔不绝地介绍自己公司的轿车性能多么好,多么适合他这样的公司老板使用,甚至还诋毁说:“你的那部老车已经破烂不堪,不能再使用了,否则有失你的身份。”“想想你的老车的维修费已经花了多少吧,相比来说还是购买一部新车更划算。”

这样的话让该公司经理心里特别反感和不悦，本来决定买车的，现在反而觉得还是自己的老车比较好。

推销员的不断登门，让经理感到十分烦躁，同时也增加了他的防御心理。他想：哼，这群家伙只是为了推销他们的汽车，还说些不堪入耳的话，我就是不买，才不会上当受骗呢！

不久又有一名汽车推销员登门造访，经理想，不管他怎么说，我就不买他的车，坚决不上当。可是这位推销员并没有特意兜售他的轿车，而是对经理说："我看您的这部老车还不错，起码还能再用上一年半载的，现在就换未免有点可惜，我看还是过一阵子再说吧！"说完给经理留了一张名片就主动离开了。

这位推销员的言行和经理所想象的完全不同，而自己之前的心理防御也一下子失去了意义，因此逆反心理也就消失了。他觉得还是应该给自己买一辆新车，于是一周以后，经理拨通了那位推销员的电话，并向他购买了一辆新车。

专家分析

通常，人们做任何事情都会有自己最初的欲望和想法，也会通过自己的分析、判断做出决定和选择，而不希望受到别人的指使或者限制。

当一个人想要改变另外一个人的想法和决定，或者要把自己的意念强加给对方的时候，就会引起对方强烈的逆反心理，进而采取相反的态度或者言行，以维护自己的自尊、信念以及自我安全。从某种意义上说，逆反心理其实是人们的一种自我保护，一种为了避免自己受到不确定因素的威胁而树立的一种防范意识。

逆反心理是人人都有的行为反应，差别只在于程度不同而已。

逆反心理会有以下几种表现形式：

(1)反驳。往往会故意针对你的说辞提出反对意见，让销售人员知难而退。

(2)不发表意见。在你苦口婆心地介绍和说服的过程中,他始终保持缄默,态度也很冷淡,不发表任何意见。

(3)高人一等的作风。不管你说什么,他都会以一句台词应对,那就是“我知道”,意思是说,我什么都知道,你不用再介绍。

(4)断然拒绝。比如在销售人员向客户推荐时,客户会坚决地说:“这件商品不适合我,我不喜欢。”

逆反心理常常会使我们陷入尴尬的境地,但是对逆反心理的应用,却又可以激发对方的欲望。

墨迹术之二:博弈术

“你在采取行动时,不但要根据自身的利益和目的行事,还必须考虑到自己的决策行为可能对对方造成的影响,以及对方能带来的后果。”

1.热点攻略:找到对方关注的中心问题反复刺激

核心策略:

找到他人内心最看重的东西,然后再进行反复刺激,一遍又一遍地重复这一点,以突破对方的心理防线。

故事:

一位房地产销售代表带着一对年轻的夫妇去看房子。这个房子的装修不是太好,许多人来这看过,都没有下定决心要买。但是当他们在房前停下来的时候,那位女士的视线穿过房子,发现在后院有一棵樱桃树。

她立刻叫了起来:“啊,当我还是一个小女孩的时候,我家的后院也有一棵开花的樱桃树。于是我想,以后我也要住在一个有开着花的樱桃树的房子里。”

当丈夫挑剔地看着房子，他说的第一件事是：“看起来我们得把这个房子的地板换一下。”

销售代表说：“是的，没错。不过在这个位置，只需要一瞥，你就能穿过餐厅看到那棵漂亮的开着花的樱桃树。”那位女士立刻从后窗看出去，看着那棵樱桃树，她微笑起来。

他们走进厨房，丈夫说：“厨房有点小，而且煤气管什么的有些旧。”

销售代表说：“是的，不错。但是当你做饭的时候，从这里的窗子望出去，仍然可以看到后院里的那棵美丽的开花的樱桃树。”

接着，他们又上楼看了其余的房间。丈夫说：“这些卧室太小了，壁纸也太花了，房间都需要重新粉刷才行。”

销售代表说：“是的。不过你没有注意到，从主卧那里，你们可以将那棵开花的樱桃树的美景尽收眼底。”

那位女士对有樱桃树的那套房子实在是太喜欢了，以至于她不再提议看其他的房子了。他们最后购买了那套房子。

专家分析

1.他们之所以会这么快做出这个购买决定，是因为那个销售员察觉出了客户最感兴趣和最关心的重点——那棵开花的樱桃树，从而利用这一点对女士进行反复刺激。

2.在你的每一件产品或服务中，都有一棵“开花的樱桃树”。抓住这个最强有力的成交要素，这个策略称之为“热点攻略”。

3.它相当简单。不管是通过提出问题还是仔细观察，都要想办法确定“热点”。比如，以销售笔记本电脑来说，假如我们的笔记本电脑上有红外线接口，而其他电脑没有红外线接口，那这一点是产品特色，但也不会对客户的购买决策产生太大的影响。所以，当营销人员在与客户打交道时，需要了解对方感兴趣的点在哪里，如果正巧客户的中心兴趣就落在红外线接口上,那就可以重点强调产品的这一特色,成交就变得容易了。

TIPS:

下面是爱好与性格之间的联系,我们可以通过这些技巧,由对方的喜好来判断对方的"热点"。

1.爱好广泛的人:如果一个人对很多东西都感兴趣,一般好奇心比较强,而且为人乐观、平易近人,他们希望从多个方面获得快乐。

2.喜欢收藏的人:一个收藏家往往是聪慧的人,有求知欲,不管在什么环境下都不会感到寂寞,而且往往比较健谈,尤其是谈到他们收藏的东西时。

3.爱好文艺、音乐的人:这类人的感情往往比较复杂或脆弱,容易为环境所左右,因此在逆境的时候,承受力差,但是他们喜欢与人交往,而且往往富有幽默感。

4.喜欢科学研究的人:如果他们对某一学科特别感兴趣,说明他们比较理智、成熟,办事有条理,性格执著,对每件事都会比较认真。

5.爱好自然的人:如果一个人喜欢钓钓鱼、养养花,一般为人比较幽默,但常常我行我素,自得其乐。

6.爱好摄影的人:一般都是脾气温和、忠实可靠、兴趣广泛的人。

7.喜欢运动的人:他们往往同时是生活态度积极的人。这种人务实,富有竞争力,有勇气面对现实,而且容易与人相处。

8.喜欢电影的人:这类人一般感情都比较丰富,喜欢逃避现实,喜欢幻想。由于他们的心灵活动范围较广,因此常会觉得心灵空虚、寂寞。

9.爱好绘画的人:这类人大多光明磊落,风趣而有感情。他们一般具有坚强的毅力,但很容易为新景观或新人物所迷惑。也就是说,他们的爱好会随时变化,因为他们喜欢幻想,因此说话往往夸大其辞、言过其实。

10.喜欢下棋的人：这种人一般遇事爱思考，也往往预示着他们比较有心计，做事预谋性比较强，待人戒备心重。

2.以退为进："亲爱的，你是对的，但是……"

核心策略：

"当别人与你产生分歧时，你可以先说'亲爱的，你是对的'，而后抓住机会驳斥对方，这种策略就是以退为进。"

故事：

被誉为"日本绳索大王"的岛村宁次几年前还是一个穷光蛋，他的成功也是有赖于以退为进的"原价销售法"。其主要原则就是开始时吃亏，而后占大便宜。

首先，他在麻绳产地将5角钱一条长45公分的麻绳大量地买进来后，又照原价一条5角钱卖给东京一带的纸袋工厂。

完全无利润甚至赔本的生意做了一年之后，"岛村宁次的绳索真便宜"让他名扬四方，订货单从各地像雪片般源源而来。

于是，岛村又按部就班地采取了第二步行动。他拿着购物数据对订货客户说："到现在为止，我是1分钱也没有赚你们的，但如若长此下去，我只有破产一条路了。"他的诚实感动了客户，客户心甘情愿地把货价提高到了5角5分钱。

与此同时，他又对供货商说："你卖给我5角钱一条的麻绳，我是原价卖出的，照此才有了这么多的订货。这种无利而赔本的生意，我是不能再做下去了。"厂商看到他给客户开的收据发票，大吃一惊，头一次遇到这种甘愿不赚钱的生意人。厂商感动不已，于是一口答应以后每条绳索以4角5分钱的价格供应。

这样两头一交涉，一条绳索就赚了1角钱。根据他当时一年的订货单,利润相当的可观。几年后,岛村从一个穷光蛋摇身一变成为日本绳索大王。

经商的目的就是为了赚钱，其要旨则是用最短的时间赚到最多的钱。然而岛村却反其道而行之,以赔钱的"原价销售法"开始了他的绳索经营事业,从他后来的巨大成功来看,这一经营战略确实奏效。

秉承同样理念的日本人松本清也创造了"牺牲商法"。他将当年售价为200日元的膏药以80日元的低价卖出,膏药卖得越多,亏损就越大,但整个药店的经营却有了很大起色。因为,买膏药的顾客大都还要买其它药品,而其它药品却是不让利的。松本清的做法使消费者对药店产生了一种信赖感,于是药店的生意越来越红火。

专家分析

1.兵法中有一招是以退为进。作战如治水一样,须避开强敌的锋头,就如疏导水流;对弱敌进攻其弱点,就如筑堤堵流。退是策略,进才是目的。

2.要赚先"赔",未盈先"亏"。适当付出点代价,牺牲点利益,取得消费者的信任后,经营效果会好得多。他们也想赚钱,但却先做赔钱的事情,这才是精明的博弈者。

3.声东击西:"介绍你不想卖的,对方会买你没有介绍的"

核心策略:

虽然一开始就决定好了推荐目标,却不露声色,甚至推荐别人可能不会选择的目标,结果别人却优先选择了你最想推销的那一目标。

故事:

一位营销员,推销的是某品牌的红酒。向顾客推销时,他通常会遵循一定的顺序，由高档到中档，最后到顶级。先介绍高档红酒时，他会说："这是咱们公司高档的红酒，贴有传统的古典酒标，挺有贵气。"介绍中档红酒时，他会说："这是第二等级的红酒，也相当不错，清新怡人。"

然后，他向顾客劝说："我觉得你应该买这款——顶级的红酒……"顾客一听，常常会说："太贵了，我还是买别的吧。"结果，大多数的顾客都会选择中档的红酒。

这时候，这位营销员又会说："你真有眼光，这是最聪明的选择，要知道，这款性价比是最高的。"顾客一听，感觉很满意，掏钱也爽快了。

其实，该营销员一开始最想推销的就是中档红酒。那么，他为什么不力荐中档红酒呢？

因为，他了解顾客的心理。任何一位顾客买东西，对营销员或多或少都有一些戒备心。顾客总是担心，推销的产品是利润最高的或者卖不动的，因此，往往会出现这样的状况：营销员推荐什么，顾客偏偏不买什么。

这位红酒营销员恰恰是懂得了顾客的这一心理，于是反其道而行之，虽然一开始就决定好了推荐目标，却不露声色，甚至反而推荐顾客可能不会选择的商品。结果，顾客中了计，选择了营销员最想推销的那一款，还自鸣得意地认为："这东西没问题，是我自己决定的"或"营销员都不得不承认我有眼光，看来我真是选对了"。

一位床垫推销员，就是采用这种策略，提高了推销的成功率。她先让顾客看最便宜的床垫，然后说："这是比较差的一种。"当然，顾客通常会表示拒绝。一般的顾客买床垫，都希望能用上十年八年，宁可多花点钱买更好的。不过，听她这么一推荐，顾客心想"这营销员还不错，不是光给我推荐贵的"，于是，防范心理就没了。

这时候，她再让顾客看价格较高的一款，介绍说："如果选用这种床垫，可以保用20年。虽然价格贵一点，但是经久耐用，所以算起来还是很合适的。"顾客点点头。然后，她再让顾客看价格最高的一款，介绍说："这是最贵的，做工精细，用30年都没有问题。"结果，顾客选择了中档价格的床垫，而这款，恰恰是营销员原本想推荐的。

专家分析

1.使用此策略的一个目的,往往是掩盖真实的企图。比如"围魏"的真正目的是为了"救赵","指桑"的真正用意是为了"骂槐",而"项庄舞剑"则"意在沛公"。

2.之所以要掩盖真实的动机,无非是怕真实的动机一旦暴露,就很难实现目的。只有在对手毫无准备的情况下,才容易实现目标。

3.声东击西的策略就是要达到乘虚而入的目的。首先要给对方选择的余地,然后再声东击西,旁敲侧击,让对方最后做出符合自己意愿的决定。

TIPS:

对营销人员来说,这种策略算是一箭双雕,既能推销出自己的目标商品,又能让顾客满意。

那么,为了消除顾客的戒备心理,在推荐商品的顺序方面,是不是有一定规则呢?

1.介绍商品时应该遵守一定的价格顺序,但不是所有的商品都要遵循同样的顺序。比如,耐久性的消费品与不强调耐久性的消费品相比,就有所不同。

2.要介绍耐久性的消费品,比如家具或电器等,应采用从低价格开始逐渐到高价格的产品展示法;介绍日用品、化妆品等耐磨性要求不高的消费品,则应采用从高价格开始逐渐降低价格的产品展示法。

3.一般人选择耐久性的消费品时,最看重的是产品的性能与品质,因此,一般舍得在这些商品上花钱,喜欢买贵的。因此,从低价格开始逐渐到高价格的产品展示法容易消除顾客的戒心,同时,自行做出购买的决定会让顾客有极强的满足感。

墨迹术之三:擒拿术

“擒拿一词源于中国武术,是指不用兵器,只采用各种徒手格斗的手法,利用人体关节、穴道和要害部位的弱点,使对方身体局部产生剧痛而束手就擒——运用变相的‘挟制’让对方屈服于某种压力或者诱惑,不得不接受你的要求。”

1.先给对方一个人情,再提出你的要求

核心策略:

人们习惯于尽自己的所能,报答他人为自己所做的一切。心理学上将这种现象称为互惠原则。“吃人家的嘴短,拿人家的手软”——你要从对方身上获取某种回报,那就选择在你给对方做出让步的时候提出,这是最佳时机。

故事:

小康是一家大型国企的管理人员。有一次,公司派他去邀请一位知名的企业管理专家来公司授课。由于这是公司内部高层临时性决定,时间有些紧,接到这个任务后,小康并没有太大把握。因为对方是个名家,平常的授课、演讲非常多,不一定能临时排出档期来。

果然,小康登门拜访,表明来意之后,对方便面露难色,但又不想失去授课的机会,所以,他就试探性地问小康:“请问,贵公司的课程能否再重新安排一个日子?”

“老师,这个日期是公司董事会临时决定的,没法做调整啊。如果您实在挪不出时间,我们只好请别的专家了,但董事会对您慕名已久,特

别交代我,无论如何一定要把您请到,所以除非万不得已,我还是希望您能来!”

那位专家一听,高兴地点了点头,当场让秘书打电话,联络撞期的公司,看看对方是否可以调整上课的日期。几分钟后,那位专家告诉小康:“现在一下子联络不到那家公司的负责人。不过,如果我现在答应按照约定日期到贵公司上课,你是否能代表公司与我今天就签订协议?至于另一家公司的档期,我另行处理,你不必担心,但价钱要在原来的基础上加两成。”

小康当场就同意了,并依照对方的条件签约付了款。这样,他的任务是完成了,但费用却超出了预算。

从心理博弈的角度来看,无疑是那位培训专家成功地运用了互惠心理策略,从而为自己赢得了更多的利益。有时,有意识地运用互惠心理策略,还可以让自己有意外的收获。

世界谈判大师罗杰·道森就十分推崇在谈话中采用这种策略。他曾受邀在一家摄像公司做这方面的讲座,他认为不要求回报就做出让步是一个严重的错误。

这个摄像公司的经理杰克·威尔逊,在罗杰教给他这个策略以后,赚了几千美元。

事情是这样的:一家电视台给他打电话说他们的一个摄像人员生病了,问杰克是否介意他们请一个人——当然是已经同杰克签约的摄像人员来帮忙。

这只是出于礼貌打的电话。过去,杰克可能会说:“没问题。”然而这一次,他却说:“如果我答应你,你们给我什么好处?”

出乎他的意料,他们说:“跟你说吧,下次你用我们演播室的时候,如果你超时的话,我们减免超时费。”

他们向杰克做出了几千美元的让步,这些都是他过去从来没有要求过、也没有想到会出现的好事。

专家分析

在谈判中，如果双方相持不下而形成僵局，一旦有一方压低姿态，就隐含了这样一种强烈的暗示："我都让步了，你也应该退一步才好吧！"这时候，对方都会很有默契地降低条件，以形成共识，进而达成交易。

2.黑白脸：让对方在对比之后，主动与你合作

核心策略：

运用黑白脸策略，在于制造一定的悬殊对比，让对方的心理在大起大落之后，主动选择与你合作。

故事：

麦斯可公司的销售经理小王和经销公司洽谈一项1000件夹克衫的业务。双方经过多次电话沟通后，基本确定了150元一件，并在约定好的时间见面。

这天，小王来到经销公司，和采购部的张经理在会议室洽谈。突然，经销公司的李总经理推开会议室的门，像是要了解一下情况。采购部的张经理说："李总，我正在和麦斯可公司的王经理讨论夹克衫的事情，您现在有空吗？要不要也坐下来听听？"很自然地，李总坐在了会议室里。几分钟后，李总突然站了起来，脸色阴沉地对张经理说："小张，我觉得麦斯可的夹克衫并不值这个价钱，你看着办吧，我还有事情要处理，先走了。"于是，张经理面色尴尬地说："很抱歉，我们李总就是这个脾气，你别介意。其实我个人还是觉得你们的产品挺不错的，我们继续谈。"停顿一下，张经理又说，"如果你能在价格上更加灵活一些，我想我还可以向李总争取争取。"这就是我们所说的"黑脸—白脸"策略了。其实，这样的例子举不胜举。

有一次，亿万富翁休斯计划购买34架飞机，而其中的11架更是非到手不可。起先，休斯亲自出马与飞机制造厂商洽谈，但却怎么谈都谈不拢，最后搞得这位大富翁勃然大怒，拂袖而去。休斯仍旧不死心，便找了一位代理人，帮他出面继续谈判。休斯告诉代理人，只要能买到他最中意的那11架，他便满意了。而谈判的结果，这位代理人居然把34架飞机全部买到手。休斯十分佩服代理人的本事，便问他是怎么做到的。代理人回答："很简单，每次谈判一陷入僵局，我便问他们——你们到底是希望和我谈呢？还是希望再请休斯本人出面来谈？经我这么一问，对方只好乖乖地说——算了算了，一切就照你的意思办吧！"

专家分析

1.要使用"白脸"和"黑脸"的战术，就需要有两名谈判者，并且分别出现在摊牌现场。否则，如果其中一个人给对方留下不良印象的话，另一个也会受到影响，这对接下来的谈判非常不利。

2.第一位出现的谈判者唱的就是"黑脸"，他的责任在激起对方"这个人不好惹"、"碰到这种谈判的对手真是倒了八辈子霉"的反应。而第二位谈判者唱的是"白脸"，也就是扮演"和平天使"的角色，使对方产生"总算松了一口气"的感觉。就这样，二者交替出现，轮番上阵，直到谈判达到目的为止。

TIPS：

查理·狄更斯在他的著作《远大前程》中写道："黑脸—白脸"策略是著名的谈判策略之一。

我们在警匪片中时常会看到这种策略的使用：警察把犯罪嫌疑人带到警察局审问。第一个审问他的侦探是个长得凶巴巴、态度粗暴的人，他用一切手段威胁嫌疑犯。

然后这个侦探被神秘电话叫出去，进来的第二个侦探是温和、友善的人。他坐下来，同犯罪嫌疑人交心，并递给他一支烟，说："我告诉你，情况没有那么严重，我挺喜欢你的，我知道你犯了法。为什么不让我看看能帮你做些什么呢？"让这个嫌疑人觉得很是感动，当然这并不是真的。

然后，这个侦探继续询问，从他知道的一小点开始，告诉嫌疑人说："我知道侦探们真想知道的不过是你从哪儿搞到的枪，你把尸首藏在哪里了。"就这样，嫌疑人往往会坦白自己犯下的所有罪行。这就是黑白脸策略的具体运用。

3.双赢：抓住"主要利益"就能抓住"利益最大化"

核心策略：

只有重视对方的利益，你才能获得更大的利益。因此，要想实现自己利益的最大化，前提是一定要做到双赢。

故事：

理查德是个很有头脑的年轻人，他在25岁的时候就开办了一家讨债公司，但是公司成立了一段时间，却一直没有什么大的客户，让他很是苦恼。

理查德知道，要想在竞争激烈的市场中求得生存与发展，没有大客户是不行的。于是，理查德决心攻下自己所在地区的银行，使之成为自己公司的大客户。

提到这个银行，理查德就想起了高登先生。

高登是银行的部门经理，他们曾经在一次朋友聚会上相识。

想到这里，理查德就给高登打了一个电话："如果我想做你们银行的生意，应该去找哪一位呢？"

“找卡特就可以了,他专门负责这事儿。”

“那么您介意我提到您的名字吗?”

“当然不介意了。”

在谈话中,理查德知道卡特先生最看重介绍人,如果没有人介绍,任何找他做业务的人他都不会接见。

于是,理查德就给卡特打了电话。电话刚接通,理查德不等卡特发问,就抢先告诉他说:“我是高登先生的朋友,是他介绍我来找您的。”

可以说,这句话对接下来的谈话非常有效,说了几句后,他们就约好了会谈的时间。

然而,会谈并不像理查德想象中那样顺利。卡特一见到理查德就说:“现在我手中的讨债公司已经有很多了,有许多公司都已经花费很长的时间向我极力销售,并都宣称自己的服务是最好的。请问,你的公司有什么特别吗?”

理查德想了想,说道:“目前所有的讨债公司都是采取业务提成的办法,最高能达到30%,这对你们来说,是相当大的一笔费用。我们公司将不采取这种办法,我们对每一笔债务只收取一个固定的费用,并且这笔费用并不高。”

然而,卡特对这个并不感兴趣,他摇了摇头。但碍于高登的面子,他还是与理查德闲聊了一会。

闲谈中,理查德知道了该银行的讨债业务只有10%由讨债公司处理,另外90%都由银行自己的讨债部门来处理。此时,理查德话锋一转,不再把自己与其他讨债公司比较,而是谈起如何用自己的讨债公司来处理这些债务,相对于银行自己来追讨的话,要节约很多的费用。

卡特听得很入迷,看得出来,他对这个很感兴趣。

理查德心中暗喜,接着就问了卡特关于银行管理的问题,试图从其回答中获得一些信息。

从卡特的回答中,理查德了解到,该银行现在面临着人员膨胀的问题,他们必须在业务繁忙的季节多雇20%的人,三个月之后又把这些人解雇。

"你想想看,因为业务量大,贵行需要雇佣这些人,雇来后还要负责培训这些人,好不容易培训完了,到最后还得解雇这些人。每个环节都要花费大量的费用,这实在不划算。"理查德继续说,"我建议贵行试试'资源外购'的办法,这样做不仅节约资金,而且效果也比较好。"

卡特听了很高兴,就同意交给理查德1000名平均欠款3000美元的客户,先试试他的方法。就这样,理查德顺利地得到了一笔300万美元的大订单。

专家分析

简单地分析一下这个成交案例就会发现,理查德没有与其他的竞争对手硬碰硬,而是采取灵活的策略。在谈话刚开始的时候,卡特并没有打算给他任何订单。但随着话题的深入,理查德了解了客户的难题,站在客户的立场上考虑问题,并提出了解决困难的办法,为客户节省了费用,从而轻易地获得了一大笔业务。

在实际生活中,我们很容易因为太关注自己的利益而忽视了别人的利益,其结果只能使对方反感。只有诚心诚意为他人的利益着想,才能得到对方的重视。

番外:生活中14项万能心理定律

以下是14项心理定律,你可以在任何的领域里应用它们。无论是销售沟通,还是设立目标、时间管理、领导组织,都可以应用这些原理和定律。

1、坚信定律

当你对某件事情抱着百分之一万的相信,它最后就会变成事实。

2、期望定律

当我们怀着对某件事情非常强烈的期望的时候，我们所期望的事情就会出现。

3、情绪定律

人百分之百是情绪化的。即使有人说某人很理性，其实当这个人很有"理性"地思考问题的时候，也是受到他当时情绪状态的影响，"理性地思考"本身也是一种情绪状态。所以人百分之百是情绪化的动物，而且任何时候的决定都是情绪化的决定。

4、因果定律

任何事情的发生，都有其必然的原因。有因才有果。换句话说，当你看到任何现象的时候，不用觉得不可理解或者奇怪，因为任何事情的发生都必有其原因。你今天的现状是你过去种下的因导致的结果。

5、吸引定律

当你的思想专注在某一领域的时候，跟这个领域相关的人、事、物就会被你吸引而来。

6、重复定律

任何的行为和思维，只要不断地重复就会得到不断地加强。在潜意识当中，只要你能够不断地重复一些人、事、物，它们都会在潜意识里变成事实。

7、累积定律

很多年轻人都曾梦想做一番大事业，其实天下并没有什么大事可做，有的只是小事。一件一件小事累积起来就形成了大事。任何大成就或者大灾难都是累积的结果。

8、辐射定律

当你做一件事情的时候，影响的并不只是这件事情的本身，它还会辐射到相关的其他领域。任何事情都有辐射作用。

9、相关定律

这个世界上的每一件事情之间都有一定的联系，没有一件事情是完全独立的。要解决某个难题最好从其他相关的某个地方入手,而不只是专注在一个困难点上。

10、专精定律

只有专精在一个领域,这个领域才能有所发展。所以无论你做任何的行业都要把做该行业的最顶尖做为目标,只有能够专精的时候,你在所做的领域才会出类拔萃。

11、替换定律

当有一项不想要的记忆或者是负面的习惯,我们是无法完全去除掉的,只能用一种新的记忆或新的习惯去替换它。

12、惯性定律

任何事情只要能够持续不断去加强,它终究会变成一种习惯。

13、显现定律

当我们持续寻找、追问答案的时候,它们最终都将显现。

14、需求定律

任何人做任何事情都是带有一种需求的。尊重并满足对方的需求,别人才会尊重我们的需求。

第七课

从NSA语言攻略

——学习“安全”的话术之刃

为什么NSA的人员能“套”出别人的话来，从中获得情报信息？

究竟他们有什么魔力？难道他们都是上知天文下知地理的“万事通”？

诚然，进入美国安全局的人员必须受大量的专业训练，涉猎面是非常广的，但是，就像是医生所说的话，病人一定会相信一样，NSA的人员会利用人性的弱点，掌握人类的“通病”，运用语言攻略获取信息。

第一步：问他一个无伤大雅的问题

假设你是一个现场取证的警察，去接近一个你认为是犯罪经过目击者的人。

如果你问：“你看到了什么？”而他只说：“没有。”然后就走开了，这是没有任何办法的。

你仍然不知道他是看到了什么但不愿意合作，还是因为确实什么都没有看到。

这时候，就不得不运用一些灵活的心理因素，增加一点语言的技巧——“问他一个无伤大雅的问题！”

但很多人在提问的时候往往不明白，怎样的问题是无伤大雅的。

1.嘴上要带尺——不能触及对方隐私

35岁的李可然是一位合资企业的技术人员，她搬到这个小区已经5年了，但和邻居的关系都很疏远。有时候孩子们在一起玩，别的家长坐在一起谈笑风生，而她却很难融入其中。她诉说了自己同邻居交谈时的痛苦：“我试着和他们说话，我确实尝试过。我问他们问题，却没有得到什么回答。于是我再问，接着又问。一段时间后，我觉得自己就像NSA的侦探在刺探情报，而不像是在和邻居愉快地聊天。”

一天，她带儿子在楼下玩，碰到楼下的一对母女。两个小伙伴骑着自行车比赛，她试探着跟女孩的母亲交谈：“你也来陪孩子玩啊。”

“是啊。”女孩的母亲回答。

“你平时忙不？”她接着问。

“挺忙的。”女孩的母亲继续回答。

“你在哪工作？”

“我没上班，在家带孩子。”女人的回答已经有些勉强。

“真羡慕你，那你老公是干嘛的？”李可然并没有发现自己提问的不妥，但女人显然已经有些不耐烦了：“孩子的爸爸开家小公司。”

“公司做什么生意？年收入有多少啊？”李可然依然追问。女人终于忍不住了，拿起电话，走到一边打电话，留下李可然一个人站在那里。她这才意识到，自己的提问一定又让对方不高兴了。

每个人都会提问题，不过很少有人知道如何提出能有效地促进交谈的问题。当你的问题没有引起积极的回应时，可能不是因为对方不友好,或者对你不感兴趣,而是你的问题不合时宜,让对方感到自己的隐私正在被侵犯,有了不安全感。尤其是别人的收入,是很隐私的个人问题,贸然的打探都会引起别人的反感和警惕。

如果李可然当时不是不断追问对方的隐私, 而是跟对方谈她的女儿,谈育儿经,这些无伤大雅、不涉及对方隐私的问题,就会很快赢得女孩母亲的共鸣。

下班回家,难免在小区里碰见遛弯的邻居老人,老人年纪大了,平日锻炼又少,脸色不太好。这个时候,如果你实话实说:"哎哟,您好!最近生病了吗?怎么感觉脸色不太好啊?"不管这位老人有没有生病,听了你的实话,他也会心里"咯噔"一下,琢磨自己是不是真的有病了。说不定,回去以后,老人家越想越不舒服,郁结在心里,真的生病了。

所以,遇到老人生病、气色不好的时候,我们真的需要说些"无伤大雅的套话"。比如,可以说:"您好!最近没看见您,您看着面色红润,气色可真好!"希望老人家心情舒畅了,气色也会好起来。如果老人家身体不舒服,可能也会打开话匣子,跟你说最近身体如何不适,你适当地宽慰几句,老人家把心中的郁闷抒发出来,心情也会好很多。

比如, 你想跟邻居搞好关系, 开始时可以问他一个无伤大雅的问题,然后注意他是否会跟你配合,并有与你交谈的迹象。例如,你可以说:"你在这个小区住得舒服吗?"或是"你一直住在这里吗?"

这种问题几乎不具有任何威胁性,很容易促成两人之间的谈话,拉近两人的距离。

2.芝麻开门——找到打开"话匣子"的钥匙

有一位主管,发现一位员工最近工作表现大不如前。他虽然对这位员工的业绩不满意,但并不急于责备。他把员工请到办公室,问:"你一向对工作都很在意, 从来不是一个马虎的人, 但最近你好像很不开心……难道是家里出了什么事情吗？”

员工脸红了，几分钟后，他才点头。“我能帮忙吗？”主管又问。“谢谢，不用。”接下来，员工开始滔滔不绝地谈他的苦恼。因为他发现他太太得了肝癌，而且是晚期。对这件事，谁也无能为力。他们聊了一个多小时。

谈话结束后，这位员工的情绪看起来好多了，后来的工作有了明显的改进。

人与人之间的交流是双方的沟通，最忌讳的是对方始终沉默不语。那么如何打开对方的话匣子呢？最好的方法是提问。光是自己不断地说话，是无法了解对方关心的问题的，所以让对方说话，非常重要。

也正是通过提问，可以使得我们对别人的需要、动机以及正在担心的事情，有一种相当深入的了解。有了这样的答案，他人的心灵大门也就对你敞开了。

凤凰名嘴阮次山在《风云对话》中，访谈新西兰新上任的年轻帅气的总理约翰·基时，是这样开始的：“听说您的手臂摔伤了，现在好些了嘛？”

总理笑笑答道：“已经没事了，我当时是在一个庆祝中国牛年新年的活动中，不小心滑了一下，用手撑地，就折了。他们给我打了石膏，后来这个石膏拍卖所获得的款项捐给了慈善基金会。”

“您确定已经没事了呵。”

“哈哈，没事。”约翰还随手做了动作。

这种高端访谈本来是很具有严肃性、政治性的，但是阮次山却运用了这样一个关于身体健康的问题作为开始，既把双方都带入了一个轻松的环境，让对方放松，也有利于随后的访问，又让对方的回答能够表现出他对中国的友好和对慈善的关心和贡献。

伏尔泰说：“判断一个人凭的是他的问题，而不是他的回答。”确实，问题提得好，是高明之人的一项标志。这类提问，有助于人们整理自己的思想和感受。

我们要善于提出一些问题，然后用心地倾听他人的答复。除了用心倾听之外,还要不时地插入一些问题进一步询问,掌握主导权,一步一步借题发挥。

一位靓丽的"摩登女郎"在一个首饰店的柜台前看了很久。售货员问了一句:"这位女士,您需要买什么?""随便看看。"女郎的回答明显缺乏足够的热情,可她仍然在仔细观看柜台里的陈列品。此时售货员如果找不到和顾客共同的话题,就很难营造买卖的良好气氛,可能会使到手的生意溜走。细心的售货员忽然间发现了女郎的上衣别具特色:"您这件上衣好漂亮呀!"

"啊?"女郎的视线从陈列品上移开了。

"这种上衣的款式很少见,是在隔壁的百货大楼买的吗?"售货员满脸热情,笑呵呵地继续问道。

"当然不是,这是从国外买来的。"女郎终于开口了,并对自己的回答颇为得意。

"原来是这样,我说在国内从来没有看到这样的上衣呢。说真的,您穿这件上衣,确实很吸引人。"

"您过奖了。"女郎有些不好意思了。

"只是……对了,可能您已经想到了这一点,要是再配一条合适的项链,效果可能就更好了。"聪明的售货员终于顺势转移了主题。

"是呀,我也这么想,只是项链这种昂贵商品,怕自己选得不合适……"

"没关系,来,我来帮您参谋一下……"

……

聪明的售货员正是巧妙运用了提问的艺术,搭起相识的桥梁,然后顺势引导那位陌生的女郎,最终成功地推销了自己的商品。

如果你有足够的信心和超人的勇气,主动、热情地同他人说话、聊天,通过提出恰当的问题,让对方有话可说,乐意去说,而你又能在话语中逐渐摸索、试探,那么成功肯定属于你。

这就需要我们找对那把"钥匙",来打开对方的"话匣子"!

首先，在询问的过程中，我们要渐渐了解对方关心的内容，而且以此为重点，让话题继续进行。

比如，你要和一名医生谈话，而你对医学完全不了解。这时，你就可以用提问的方式来打开局面。“近来食品添加剂的事情越来越让人揪心，不知道这些食品添加剂会对我们的身体有什么不好的影响？”一个和时令或新闻有关的问题，同时又切近对方的工作，这样一来，就可以和对方谈下去。可以往下谈的内容很多，从食品添加剂谈到对身体的影响，谈到日常饮食的注意事项和保健……只要他不厌烦，就可以一直引他谈下去。

如果我们碰到的是一个房地产经纪人，就可以问他“近来国家宏观调控下的房价走向如何？”

如果碰到家电业的人，则可以请教他“国产电器和日本电器、欧美电器相比，性价比如何？”

如果我们碰到的是教师，可以问他“学校的情况怎么样？”

……

假若你的一个话题使对方产生了浓厚的兴趣，那么无论他是一个多么沉默的人，都会发表一些言论的。因此在谈话的停滞之中，一定要想法寻找并且不断地激起对方的兴趣，使谈话能够一直持续下去。

当你对做父母的人称赞他们的孩子，甚至表示对那孩子感兴趣时，那么孩子的父母很快便会成为你的朋友了。给他们一个谈论其孩子的机会，他们就会很自然而又无所顾忌地滔滔不绝了。

其次，问题共分为两种：封闭式和开放式。

封闭式问题

封闭式问题有点像对错判断或多项选择题，回答只需要一两个词。例如：

“你是哪里人？”

“你经常跑步吗？”

“我们今晚什么时间出去吃饭，5:30，6:00还是6:30？”

"你是否认为应该关闭所有的核电站？"

封闭式问题可以让对方提供一些关于他们自己的信息，供你做进一步地了解("我在北京出生,但是在上海长大。""是的,我每天跑3公里。");也能够让他们表明自己的态度("我6点有空。""我觉得没必要关闭已有的核电站,但是也不希望再建造新的。")。

尽管它们有着明确的作用,但是如果单纯地使用封闭式问题,会导致谈话枯燥,产生令人尴尬的沉默。

开放式问题

要想让谈话继续下去,并且有一定的深度和趣味,就要继封闭式问题之后提出开放式问题。

开放式问题就像问答题一样,不是一两个词就可以回答的。这种问题需要解释和说明,同时向对方表示(他们也很高兴你这样做!)你对他们说的话很感兴趣,还想了解更多的内容。

例如,在获知女孩的母亲不上班,全职在家带孩子的时候,李可然不应该急于问下一个封闭式问题,而可以问一些相关的开放式问题:

"带孩子是一件挺辛苦的事情吧？"

"你给孩子报了什么兴趣班吗？

从以上的例子可以看出，大多数的开放式问题和封闭式问题使用的疑问词是不同的。你可能注意到,一些人会以开放的方式来回答封闭式问题。尽管如此,与你交谈的人还是喜欢在回答开放式问题时给出更长的回答,因为这类问题鼓励他们自由地谈话。在提出开放式问题时,别人会感到放松,因为他们知道你希望他们参与进来,充分表达自己的想法。

再次,当开口提问题的时候,你在很大程度上控制着话题的选择。

假定有朋友告诉你:"我刚从法国回来。"你可以根据自己的喜好,从以下例子中选择问题:

"那里气候怎么样？"

"你是怎样和法国人交谈的？"

“告诉我最让你难忘的事情。”

“你是怎样订到宾馆房间的？”

“法国食品和我们的有些什么不同？”

如果有人向你自我介绍，说她是中学的辅导员，下面这些问题可供选择：

“你为什么想做辅导员呢？”

“要从事这项工作，需要具备哪些条件？”

“告诉我一些孩子们经常向你求助的问题。”

“在今天的校园中，早恋的情况怎么样？”

“每天倾听别人诉说苦恼，对你的人生态度有什么样的影响？”

或者，如果你不想谈论她的工作，也可以问一些宽泛的问题，例如：“工作之余你有些什么娱乐活动？”

最后，要牢记以下两条：

第一，提问题的时候要持愿意倾听的态度。无论你多么善于交际，如果只是冷冷地流于形式，对方最终会感觉到你只不过是在设法让他对你产生好感。

第二，尽量保持双重视角。不仅考虑到自己想听什么、想说什么，还要考虑到对方的需要。最令人讨厌的，就是毫不顾及别人的想法和需求。在一次鸡尾酒会上，一个看上去挺高贵的绅士对一位女士说：“说了这么半天都在谈论我，现在谈谈你吧！你觉得我这个人怎么样？”这样的提问，让女士对这场谈话顿失兴趣，也在内心对这位绅士有了自大、无礼的坏印象。

3.请注意——这些提问时常见的“问题”

问题过于宽泛

王琳是一位大学行政人员的妻子，最近在纽约的一次课堂上，她说自己对生活感到厌烦。

为什么呢？“因为一整天，陪伴我的就只有三岁的孩子。因此丈夫一回来，我就问：‘今天怎么样？’我真的是想得到他的回答。但是他说什么呢？‘没什么，就跟平常一样。’然后他就打开电视看起来了。”

王琳犯了几个简单的错误：

第一，她的询问范围太广。提问题就像开水龙头一样，范围放得越开，得到的回应就越多，直至最后的极限。王琳这样宽泛的问题(像“有什么新的消息？”“最近忙些什么？”“说说你自己的情况！”)往往需要很多的精力和时间来回答，所以多数人都会选择放弃。

第二，“今天怎么样？”这样的问题听起来更像是一句套话，随口说说而已，而不是真想了解什么情况。回答往往也是套话，例如“很好”或者“还行”。

最后，王琳每天都问同样的问题。这不仅让对方更认准为套话，而且每天都要回答这样毫无创意的问题，很可能也会让她的丈夫感到厌烦。

建议王琳每天读学校和当地的报纸，然后在丈夫休息片刻之后，就他比较熟悉的话题提出一些具体的开放式问题。以下就是她的成果：

那天晚上，我告诉丈夫说，听说学校要重新设定对文科学生的外语要求，我问他对此有什么看法。接着我们就开始讨论学习外语是否有助于学生更好地了解别的国家。我们还谈论了各自学外语的经历，结果俩人开始用中学时学的蹩脚英语交谈，开心得不行。最后，我们都谈得很累了，但是很开心，他吻了我一下，小声对我说：“亲爱的，你太棒了！”这不是一次非常成功的尝试吗？

开始的问题太难

广州一位叫张强的房地产代理商曾经透露了他的诀窍：

顾客一走进来，我并不问他有什么需要。这个问题太难了点，他会因为紧张而放弃。如果我追问得太紧，他很可能会马上离开。因此，我问他现在住在什么地方。这个问题让他很轻松，感到自然。一段时间之后，他或我就会把话题转到他的需要上去。

张强的建议也适用于社交场合。通常情况下,最好是以简单的问题开始,谈论一些对方感兴趣并且熟悉的话题。

第二步:转换焦点,切入要害

提问只是第一步,毕竟我们的目的不是闲聊,所以,接下来就要学习,如何在问过话后切入对方的要害?

1.制造假设"……你的问题是不是就在这里?"

很多时候,你想要获得一些需要的信息,需要先制造一个假象。

小张就掉进了老婆设下的陷阱。公司派他去杭州出差, 刚住进宾馆,就接到了老婆的电话:"老公,大事不好,今天咱们小区混进了几个贼,咱家也被光顾了。"他跳了起来,问:"丢东西了吗?有没有报警?""家里被翻得乱七八糟,衣橱里的1000块钱没了。""还丢了什么东西?""我正在清理,警察下午来看过了。"老婆听出了他的焦急,赶紧安慰他:"好在那几个贼已经被警察抓住了,现在让各家尽快报失窃清单去。"

小张松了一口气,赶快命令老婆:"快去看看床头挂的那张结婚照,里框后面有一个用双面胶粘住的红包。"老婆搁下电话。两分钟后,问:"我把画框取下来看了,什么也没有。"如此神仙难料的地方都能找到,看来今天遇到的绝不是普通的蟊贼。他赶紧叫老婆再去卫生间看看:"马桶水箱靠墙那面有个缝,塞了一个塑料袋,你看看还有没有?"十分钟后,老婆打来电话:"没有,是不是你记错了地方?"

小张焦急地说:"不可能。出差前我还检查过,整整6000块钱,全是连号的百元新钞。那是去年我从公司发给我的技改奖里扣下来的。"

"就这些了吗,还有没有忘记的?"老婆在电话里追问。"没有了,只有这6000块钱。你一定要把那些钱的特征跟警察讲清楚。"他提醒老婆。过了几秒钟后,他听到老婆冷笑道:"好的。我感谢你在本次家庭防盗演习中的出色表现。你小金库的这6000块钱回来后再细细算账。"他听完后差点儿晕过去。

这就是"急转法",运用这样的谈话艺术,关键在于局要设得巧妙。

另外还有"慢转法"。请看下面这段汽车销售员和顾客的对话:

"您喜欢两个门的还是四个门的?"

"哦,我喜欢四个门的。"

"您喜欢这三种颜色中的哪一种呢?"

"我喜欢黄色的。"

"要带调幅式的还是调频式的收音机?"

"还是调幅式的好。"

"您要车底部涂防锈层吗?"

"当然。"

"要染色的玻璃吗?"

"那倒不一定。"

"车胎要白圈吗?"

"不,谢谢。"

"我们最晚可以在5月8日交货。"

在引导客户做出了一系列小决定之后,这位推销员递过来订单,轻松地说:"好吧,先生,请在这儿签字,现在您的车子就可以投入生产了。"

在这里,销售人员所问的一切问题都假定了对方已经决定购买,只是尚未定下来买什么样的而已。顾客在被动中被销售员一点点引导,最终在自己主观意愿并不是很强的状况下买了这部车子。这位销售员完全掌握了谈话的主动权。

这是一种"慢转"的策略,诀窍在于"步步深入"。你可以通过以下方式对客户进行询问："……就是说，是否……"

然后，话锋一转，以便引导他进一步表示意见或发言。

"……你的问题是不是就在这里？"——迫使对方下结论，或者使他重新考虑。

2.制造刺激——有些人是要"吃罚酒"的

对有些人，只要动之以情，晓之以理，以诚相待，就能打动；但在同样情况下，另外一些人可能"敬酒不吃吃罚酒"，你磨破嘴皮，他们就是不答应你的请求，此刻如果你改变策略，突然给他们一个强烈的反刺激，用超常的手段去激励他们，说不定就会"柳暗花明又一村"。

张仪因久不得志，穷困潦倒，一日到苏秦府上拜见苏秦。好几天后，苏秦才出来见他，并只让他坐在家仆们坐的堂下，仅赐给仆妾们吃的饭食，而且还几次故意责备张仪，说他穷酸，不想和他打交道。张仪听后气愤不已，离开了苏秦，前往秦国。

在张仪去秦国的途中，有一个素不相识的人与他结伴同行，送给他许多金钱。张仪到达秦国后，依靠陌生人资助的钱财得以拜见秦惠王，并很快被秦惠王拜为客卿。这时，那位同伴向张仪告辞，张仪问其缘由，那人说："我并不了解你，真正了解和关心你的是苏君(即苏秦)。他当时担心秦国伐赵而使合纵抗秦的计划破产，认为只有你才有能力去左右秦国的国策，所以他当时用语言刺激你，使你来到秦国，而后又私下派我跟着并接近你，供你差遣。现在你已被秦王聘用，我就算完成了任务，该回去告诉苏君了。"张仪听后大为感慨。张仪后来凭他的智慧和才能，说服秦王，使秦军15年未越函谷关一步，为苏秦合纵之策赢得了很高的声誉。可见，激将方式只要使用得恰到好处，适时适度，效果是妙不可言的。

激将法有两种方式。

一种是直接刺激。这种方法通过故意贬低对方，说他不行，借以激起对方求胜的欲望，也能使其超水平发挥自己的能力，从而达到自己的目的。

当马超领兵攻打葭萌关时，诸葛亮告诉刘备，只有张飞、赵云二人是马超的对手。刘备建议让张飞去迎战，诸葛亮说："主公先别说话，让我去激激翼德。"

二人在谈话间，张飞主动请缨去迎战马超，诸葛亮却假装没有听见，只是对刘备说："马超智勇双全，无人能敌，除非往荆州唤云长来，方能对敌。"

张飞说："军师为何小瞧我？我曾经一人独对曹操百万大军，难道还畏惧马超这个匹夫？"

诸葛亮笑着说："你在当阳拒水断桥，是因为曹操不知虚实。他若知道虚实，你岂能占到便宜？马超英勇无比，他渭桥之战差点杀了曹操，我看就是云长来了也未必能胜得了他。"

张飞说："我现在就去取马超项上人头，如若不胜，甘当军令。"

诸葛亮见激将法起了作用，便顺水推舟地点头答应了。张飞得令，与马超在葭萌关下酣战了二百多个回合。当时虽未决出胜负，却使马超产生敬畏之心，几天后，率众归顺了刘备。

激将法的第二种形式，是间接刺激。

它以张扬、称赞他人他物的方式，间接贬低对方，以激发对方压倒、超过第三者的决心，从而为我所用。

曹操北定中原，举兵南下时，刘备派诸葛亮去吴国拜见孙权，游说吴国与蜀国两家合力抗魏。诸葛亮深知，如果直接要求吴蜀联兵，一定使孙权以为刘备有求于他，事情会不好办。最好的方法是用激将法激他。

诸葛亮在柴桑见到孙权后，说："我看曹操兵多势众，东吴弹丸之地不是对手，将军何不向曹操投降称臣，以求暂时的安宁？"孙权听了很不高兴，反问诸葛亮，为什么刘备不向曹操投降称臣？诸葛亮回答道："古代的田横仅仅是齐的壮士,尚能守义不辱,何况我主是帝王之后,盖世英才,岂能屈居奸贼屋檐之下?”诸葛亮这一招果然管用,孙权最终同意孙刘联盟,共抗曹操。而诸葛亮也就此圆满完成了出使江东的使命。

第三步:滑轮定律——攻心说话的三个重点

话不必多,却要字字精确,打进对方的心,才是好的攻心说话术。这就像滑轮定理,滑轮放对了,就可以用最省力的方式拉起重物。

1.学会示弱——会哭的孩子有糖吃

当一个人认为自己可能会被人指责时,不妨先发制人先数落自己一番。因为人心是很奇特的,当对方发觉你已承认错误时,便不好再多指责。

此时,即使你说的话确实令对方感到厌烦,对方也不会因此当面指责。如果反复使用,更能加强效果,使对方轻易地听完并接受你的要求。

美国心理学专家卡耐基在其《美好的人生》一书中,讲了他的一段经历:

从卡耐基家步行一分钟,就可以到达森林公园。他常常带着一只叫雷斯的小猎狗到公园散步。因为他们在公园里很少碰到人,又因为这条狗友善而不伤人,所以卡耐基常常不替雷斯系狗链或戴口罩。

有一天,他们在公园遇见一位骑马的警察,警察严厉地说:“你为什么让你的狗跑来跑去而不给它系上链子或戴上口罩?你难道不晓得这是违法的吗?”

“是的,我晓得。”卡耐基低声地说,“不过,我认为它不至于在这儿咬人。”

“你不认为！你不认为！法律是不管你怎么认为的。它可能在这里咬死松鼠或咬伤小孩，这次我不追究，假如下次再被我碰上，你就必须跟法官解释了。”

卡耐基的确照办了。可是，他的雷斯不喜欢戴口罩，他也不喜欢它那样。一天下午，他和雷斯正在一个小坡上赛跑，突然，他看见那位警察正骑在一匹棕色的马上。

卡耐基想，这下栽了！他决定不等警察开口就先发制人，说：先生，这下你当场逮到我了。我有罪。你上星期警告过我，若是再带小狗出来而不替它戴口罩，你就要罚我。

“好说，好说，”警察回答的声调很柔和，“我晓得在没有人的时候，谁都忍不住要带这样一条小狗出来溜达。”

“的确忍不住。”卡耐基说道，“但这是违法的。”

“哦，你大概把事情看得太严重了，”警察说，“这样吧，你只要让它跑过小山，到我看不到的地方，事情就算了。”

警察也是人，他要的是一种重要人物的感觉，因此，当卡耐基责怪自己的时候，唯一能增强他自尊心的方法，就是以宽容的态度表现慈悲。

如果我们免不了会受到责备，何不自己先认错呢？听自己谴责自己不比挨别人批评好受得多吗？要是知道某人准备责备你，自己先把对方责备的话说出来，对方十之八九会以宽大、谅解的态度对待你，就像那位警察对待卡耐基和他的爱犬一样。

2.沉默是金——如何把对方的NO变成YES？

美国的工业大厂西屋公司，向来以电气、高科技制造闻名全球。在1970年代最高峰时，西屋的规模甚至可与通用电气公司(GE)媲美。

当时的王牌业务员艾利森在接受采访时,说了一段故事。

他说:“在我负责的行销区域里,住着一位有钱的大企业家。我们公司想尽办法要把产品卖给他的工厂,但在我之前的那位业务员,花了整整十年的时间,却没有一笔订单成交。我接管这一区后,也花了三年多去招揽他的生意,一样石沉大海,一点消息也没有。后来又经过三年不间断的交涉后,对方才勉为其难地买了几台发电机。这让我燃起了一线希望,我期待着这次交易后,他会向我买几百台发电机。”

为了乘胜追击,艾利森在交易完成的两个礼拜后,再次拜访企业家的工厂。没想到,负责发电机的工程师一见到他就说:“艾利森,我们不能再继续买你的发电机了。”

“为什么?出了什么事吗?”

工程师说:“你卖给我们的发电机太热,我不能把手放在上面。”

这个理由听起来有点含糊,不过艾利森知道跟工程师争辩,是不会有任何好处的,过去他们已经花了超过二十年来印证这个道理。唯一能使事情转圜的方式,就是让工程师说出“是”字。

艾利森清了清喉咙,镇定地对工程师说:“史密斯先生,你说的话我完全同意,如果发电机的热度过高,我也建议你别买了,倒不如省下这笔钱花在别的用途上。你总不希望花大钱买的发电机,热度会超出电工协会所定的标准,是不是?”

“是。”工程师点点头,完全同意艾利森的观点,于是艾利森获得了工程师的第一个“是”字。

艾利森接着又问:“电工协会规定,一台标准的发动机,可以比室内温度高出华氏七十二度,是不是?”

“是的。”他得到了工程师的第二个“是”字。

“可是你的发电机温度却比这标准高。”

艾利森没和工程师争辩,继续问:“工厂温度是多少?”

工程师想了想,说:“嗯,大约华氏七十五度左右。”

艾利森说:“这就是了!史密斯先生,工厂温度七十五度,再加上协会规定的七十二度,一共是华氏一百四十七度。如果你把手放进一百四十七度的热水里,是不是会把手烫伤?”

“是的。”

艾利森得到了第三个“是”字。他面带微笑,对工程师做了一个建议:“也许,你不要用手碰那台发电机就好了!”

工程师恍然大悟,立刻接受了他的建议。在一阵交谈后,工程师把秘书叫来,为下个月订了将近四万美元的产品。

采访的最后,艾利森对记者说了一段话:“我花了这么多年的时间,损失了数万元的买卖才知道,争辩并不是一个聪明的办法。要从对方的观点去看事,设法让别人回答‘是’,那才是一套成功的办法。”

相信这个公关专家所说的秘诀,能让许多业务人员受用无穷。

下次,如果想要扭转心有成见的客户的心,切记,不要否定他。而要站在他的立场,再引导对方回答“是!”问题就可迎刃而解了。

3.先人后己——把自己的需求包装成对方的需求

事实上,一样的东西,只要用不同的话语或技巧来包装,就能轻松说服那些擅于拒绝的客人。例如,换个方式或名词来解释你的产品。

“抓准人性弱点”不仅是公关上的一门课程,也是解决这个困境的良方。根据这一点你会发现,适度用专业词汇来包装产品,是可以让产品不做任何改变也能增值的最简单的方法。

例如,一个对电脑设备一窍不通的人,在向你购买产品时,只知拼命杀价、硬拗赠品。这时你可以把产品的品项说得愈细愈好,并拿出同类产品进行比较,放大其中的差异,一方面展现你的专业,还能让对方对这项产品有“知识充实感”。

这种说话方式,重点不在于内容,而是技巧。说话的过程中,“表达方式”的影响力,是我们“表达内容”的三四倍。

很多时候，纵使你有再好、再丰富的交谈内容，也可能被拙劣的说话技巧给抹杀掉。

所以，如果能随着对象和环境来选择“适当”的用词，让对方觉得少了这东西完全不行，不但能大幅增加说服力，更能免去许多不必要的麻烦和纷争。

我们平常看的广告，几乎也都使用类似的技巧。同样的一包盐，为什么高呼能提味增鲜的，销量就比洗菜消毒的好？为什么买车子时，你对喷射引擎、碟刹一问三不知，但下意识就会觉得它值得？这正是藉由说话技巧，对消费者进行心理暗示的效果。如果你能把说话的焦点摆对地方，订单就是你的了。

美国说话大师戴尔·卡耐基也曾有过一次差点当冤大头的经历。

话说卡耐基每季都会在纽约的某家大饭店租用大礼堂共20个晚上，目的是讲授社交训练课程。但是有一季课程才刚开始，饭店突然通知他租金要加成，而且涨幅竟高达原来的两倍。

原来，旅馆看准了卡耐基开课的相关事务，例如入场券和宣传都已备妥，如果更改地点将会遭受极大损失，这才有恃无恐地狮子大开口。

卡耐基面对这个不合理的要求，并没有陷入愤怒或是慌乱，而是在两天后去找饭店经理。

他看到经理后说：“我接到你们的通知时，真的被吓到了。不过这不是你的错，你是这家饭店的经理，当然想让饭店多赚点钱。不过，假如你坚持增加租金，那么让我们理性地分析一下，这样做对你到底有什么好处和坏处。

“你增加我租金之后，我就一定得找别的地方举办训练，你就可以把大礼堂出租给办舞会等短期活动，那么你们的利润一定比办课程多，租给我显然是你吃亏。

“但是，我的训练班总是吸引成千的中上层管理人员到你的饭店来听课，这可是相当惊人的广告效益！你就算花五千美元在报纸上登广告，也不可能请到这么多人到你的饭店来。这难道不划算吗？”

说完,卡耐基就告辞了。最后,当然是饭店经理让步了。

除了用专业词汇来说服别人之外,面对顾客的蛮横要求,如果没有一套完整的应变手法,往往难以全身而退,就算顺利脱身,也很难达到双赢。

这时不妨运用点技巧,让事情看起来是对他有利的,也就是表面助敌,实际上却是让自己获得最后的胜利。如故事中所述,为了达到自己的目的,卡耐基聪明地把对方利益放在明处,最后不但让对方让步,还能进一步得到对方的感激。

一间大型成衣厂的老板,有一回遇到一名日本来的客户,对方不断要求他提供更好的品质和优惠,但他们所订的量却未达折扣的标准额,这位大老板在不堪其扰之下,终于决定摊牌。

"听我说,朋友!"他一脸心平气和地说,"我十分明白贵公司在财务和市场供需上有困难,但你们不停要我降价的策略是没有帮助的。

"首先,我们工厂的出货品质是世界公认的,即使你用原来的价格购买,只要行销方面不出大差错,就可以保证一定的利润。再者,一味降价,后果你应该也很清楚,我们只能用这些价钱去评估其他更划算的布料,而这些布料当然不会比现在更好,这对你们的品牌也会有损害。

"第三点,贵公司的态度让我觉得很遗憾。你们难道忘了我们一开始的合作,就是希望消费者可以用最恰当的价钱买到最好的成品吗?但现在我却觉得,你们似乎想让消费者用高价买低劣品,这可能会造成我们双方的合作破裂。"

日本客人听后面红耳赤,并以原本的折扣下了订单。

在说服别人时,千万记住,要尽量淡化"个人需求",把"我的"说成"我们的"!

第四步:给他加“恰到好处的压力”——正中靶心,胜过乱枪打鸟

美国国家安全局一位专门测写罪犯人格和心理的探员，多次突破重要罪犯的心防,因而侦破了不少重案;而当记者采访他时,却发现他竟然是个不善言辞的人,他的话不多,但每个字都很精准且有力量。他告诉记者,他不是个善辩的人,而要盘问罪犯,靠的也不是口才,而是攻心策略。

“在谈判和协商战场上,你的话是子弹,而对方的心理弱点和需求,是唯一的目标靶;如果瞄不准靶子,或是根本看不到靶子,尽管妙语如珠、说话像机关枪,也只是浪费子弹。这时候,不如找一位狙击手,只要一颗子弹,正中靶心,胜过乱枪打鸟。”

1.最“常见”的压力——危及他的个人利益

公元前283年,秦昭襄王派使者带着国书去见赵惠文王,说秦王情愿让出十五座城来换赵国收藏的一块珍贵的“和氏璧”,希望赵王答应。

赵惠文王就跟大臣们商量,要不要答应。要是答应,怕上秦国的当,丢了和氏璧,拿不到城;要不答应,又怕得罪秦国。议论了半天,还不能决定该怎么办。

当时有人推荐蔺相如,说他是个挺有见识的人。

赵惠文王就把蔺相如召来,要他出个主意。

蔺相如说:“秦国强,赵国弱,不答应不行。”

赵惠文王说:“要是把和氏璧送了去,秦国取了璧,不给城,怎么办

呢？”

蔺相如说：“秦国拿出十五座城来换一块璧玉，这个价值是够高的了。要是赵国不答应，错在赵国。大王把和氏璧送了去，要是秦国不交出城来，那么错在秦国。宁可答应，叫秦国担这个错儿。”

赵惠文王说：“那么就请先生上秦国去一趟吧。可是万一秦国不守信用，怎么办呢？”

蔺相如说：“秦国交了城，我就把和氏璧留在秦国；要不然，我一定把璧完好地带回赵国。”

蔺相如带着和氏璧到了咸阳。秦昭襄王得意地在别宫里接见他，蔺相如把和氏璧献上去。

秦昭襄王接过璧，看了看，挺高兴。他把璧递给美人和左右侍臣，让大伙儿传着看。大臣们都向秦昭襄王庆贺。

蔺相如站在朝堂上等了老半天，也不见秦王提换城的事。他知道秦昭襄王不是真心拿城来换璧，可是璧已落到别人手里，怎么才能拿回来呢？

他急中生智，上前对秦昭襄王说：“这块璧虽说挺名贵，可是也有点小毛病，不容易瞧出来，让我来指给大王看。”

秦昭襄王信以为真，就吩咐侍从把和氏璧递给蔺相如。

蔺相如一拿到璧，往后退了几步，靠着宫殿上的一根大柱子，瞪着眼睛，怒气冲冲地说：“大王派使者到赵国来，说是情愿用十五座城来换赵国的璧。赵王诚心诚意派我把璧送来，可是，大王并没有交换的诚意。如今璧在我手里，大王要是逼我的话，我宁可把我的脑袋和这块璧一同砸碎在这柱子上！”

说着，他真的拿起和氏璧，对着柱子做出要砸的样子。

秦昭襄王怕他真的砸坏了璧，连忙向他赔不是，说：“先生别误会，我哪儿能说了不算呢？”

马上就命令大臣拿上地图来，并且把准备换给赵国的十五座城指给蔺相如看。

蔺相如想，可别再上他的当，就说："赵王送璧到秦国来之前，斋戒了五天，还在朝堂上举行了一个很隆重的仪式。大王如果诚意换璧，也应当斋戒五天，然后再举行一个接受璧的仪式，我才敢把璧奉上。"

秦昭襄王想，反正你也跑不了，就说："好，就这么办吧。"

他吩咐人把蔺相如送到宾馆去歇息。

蔺相如回到宾馆，叫一个随从打扮成买卖人的模样，把璧贴身藏着，偷偷地从小道跑回赵国去了。

过了五天，秦昭襄王召集大臣和别国在咸阳的使臣，在朝堂举行接受和氏璧的仪式。蔺相如不慌不忙地走上殿去，向秦昭襄王行了礼。

秦昭襄王说："我已经斋戒五天，现在你把璧拿出来吧。"

蔺相如说："秦国自秦穆公以来，前后二十几位君主，没有一个讲信义的。我怕受欺骗，丢了璧，对不起赵王，所以把璧送回赵国去了。请大王治我的罪吧。"

秦昭襄王听到这里，大发雷霆，说："是你欺骗了我，还是我欺骗你？"

蔺相如镇静地说："请大王别发怒，让我把话说完。天下诸侯都知道秦是强国，赵是弱国。天下只有强国欺负弱国，决没有弱国欺压强国的道理。大王真要那块璧的话，请先把那十五座城割让给赵国，然后打发使者跟我一起到赵国去取璧。赵国得到了十五座城以后，决不敢不把璧交出来。"

秦昭襄王听蔺相如说得振振有辞，不好翻脸，只得说："不过是一块璧，不应该为这件事伤了两家的和气。"

结果，还是让蔺相如回赵国去了。

蔺相如回到赵国，赵惠文王认为他完成了使命，就提拔他为上大夫。秦昭襄王本来也不存心想用十五座城去换和氏璧，不过想借这件事试探一下赵国的态度和力量。蔺相如完璧归赵后，他也没再提交换的事。

如果蔺相如不是在发现秦王并无意用十五座城池来换和氏璧后找

借口要回和氏璧，并威胁秦王如果硬抢将会人玉俱毁，和氏璧估计再也不会回到赵国。

2.最“婉转”的压力——让对方自愿走进陷阱无法自拔

阿凡提是维吾尔民族传说中的神奇人物，以风趣和机智著称。他经常运用诱导的语言技巧，替平民百姓伸冤出气，惩治那些贪心的巴依(相当于古代汉民族中的财主)，让他们顾此失彼，吃尽苦头。至今还有不少维吾尔人把阿凡提当做他们的救世主。

据说有一天，阿凡提到一位以吝啬贪婪闻名的巴依家去借锅子。那巴依当然不肯，最后是把阿凡提的小毛驴留下做抵押，才让他拎锅子出门。

第二天，阿凡提准时来还锅子，并且还带着一只小锅。巴依好奇地问：“阿凡提，你带这个小锅子来干嘛？”

阿凡提故作神秘地说：“老爷，你昨天借给我的锅是一只怀了孕的锅，今天早上我到你这儿来的时候，它刚好生了一只小锅，所以我一并带来还给你啦！”

巴依当然不信锅子会生孩子，为了得到小锅，他装模作样地说：“是啊！是啊！我昨天借给你锅子时，它正怀着孕呢！”然后让阿凡提牵走了小毛驴，并假装慷慨地说：“阿凡提，今后不管你要借什么东西，都尽管来借好了。”

从此以后，阿凡提每借一次东西，都会依样还给巴依一件小东西。巴依笑得合不拢嘴，心里却不停地嘲笑阿凡提。

过了半个月，阿凡提愁眉苦脸地对巴依说：

“巴依老爷，我的母亲生病了，我想借你那口祖传的金锅去给母亲煎药。”

巴依一想到过几天就有两只金锅到手，便急忙把金锅借给阿凡提。

谁知这次阿凡提过了很久都没来还锅子，巴依等得不耐烦，决定亲自上门去讨回来。正准备出门，阿凡提急匆匆地跑进来，上气不接下气地说：

“巴依老爷，不好啦！你借给我的那只金锅难产死了！”

巴依大吃一惊，瞪起眼骂道：“放屁，锅子怎么会死呢？”

阿凡提立即提高声音说：“巴依老爷，你既然相信锅子会生小孩，那它为什么不会死呢？”

贪心的巴依被自己的贪婪弄得哑口无言，不仅失去珍贵的东西，而且还成为大家的笑柄。

聪明的阿凡提显然算得上是高明的说话大师。他先摸清对方的性格特点，然后欲擒故纵，诱使对方犯下错误，最后将他轻易地驳倒。

诱导对方失误的说话术在运用时一定要先投其所好，掌握对方的心理弱点，让对方自愿走进陷阱而无法自拔。

3.最“不动声色”的压力——笑着打他一巴掌

《古今谭概》是明朝文人冯梦龙的一部笔记小说，其中记载了一个这样的故事：

从前有一位大户人家的子弟屡试不第，被全族人鄙视。这位先生也真是不幸，尽管有满腹经纶也无处施展，这匹被埋没的“千里马”除了暗自叹息也别无他法。

令人不解的是，他的父亲乃是当朝内阁大学士，文名天下，权势也极大。

最令他生气的是，他自己考不上，而他的儿子第一次参加殿试，竟然就被皇上钦点为状元。

这位先生为此饱受父亲的责备，怪他丢尽全族人的脸，不但比不上须发皆白的老父，连一名黄毛孺子都超过了他。这位先生有口难辩，一直默默忍受老父亲的责骂。

有一天，他的父亲又当着许多亲友的面开始数落他。他实在忍不住，便反驳他父亲说：

“我的父亲是内阁大学士，你的父亲不过是一介渔夫；我的儿子是位名状元，你的儿子是久考不中的书生。你的父亲比不上我的父亲；你的儿子又比不上我的儿子。那就是说你尚差我一截，为什么整天骂我是不肖子呢？”

那位内阁大学士听了这番申冤辩白的话语，忍不住哈哈大笑，从此再也不责备他了。这位内阁大学士的儿子虽然不能和他的父亲与儿子比名声，却是一位辩论的人才。

在他与父亲的对话中，便使用了借力使力的说话术，在贬对方的同时，也等于在赞扬对方。他的父亲责斥自己的儿子，他又借此反击父亲，并用自己的儿子作陪衬。另外，他以自己的父亲来对抗，使得整段辩论滑稽可笑，道理虽歪，技巧却高人一筹，终于使得大学士无法再当众责骂他。

对于那些不方便直接批判或顶撞的人，很适合用这种借别人的力来打他自己的“策略”，笑着打他一巴掌，而且人家还不会生气。

打个比方，你正和客户讨论产品的品质问题。对方突然发表意见，说他们的产品是经无数次实验后的专利产品，根本不会有品质不合格的问题。

如果你这时想反驳他，最好不要用什么资料或权威人士的检验结论来驳斥，只需说：

“您说的不错，但我们在使用过程中，产品的确产生故障，而且我们的操作方法，完全是依照说明书上的指示。我绝对相信贵公司编写的说明书应该也是毫无瑕疵的，但这又该如何解释呢？”

这时，对方一定会无话可说，但也无法对你发脾气。

4.最“省力”的压力——“顺水推舟”的阻力最小

当进行说教或演讲时，一定会有人提出不同的看法，甚至理直气壮地提出反对意见。

此时，千万不要立刻毫不客气地反击，因为以这种正面交战的语言策略来反应是不会有好结果的，反而会使双方闹僵，让自己失去风度，也下不了台。

因此，当遇到这种情况时，必须先重视对方的问题，而且要表现得对方这个问题好像很严重，不能草率应答，一定要找时间来研究，用这种战术让对方受宠若惊，甚至感到事态不妙，自己也不好再坚持下去。

如此一来，不但保住了形象和风度，也让对方“知难而退”，这才是一种没有副作用或杀伤力的完美攻心策略。

美国有家生产乳制品的大工厂，某日来了一位怒气冲天的顾客，不客气地对厂里的负责人说：

“先生，我在你们生产的乳制品中发现一只活苍蝇，我要求你们赔偿我的精神损失。”之后这位顾客提出一个天文数字的赔偿数目。

在美国，像这种乳制品生产线的卫生管理是相当严格的。为了防止乳制品发生氧化反应而变质，每次都要将罐内所有的空气抽出，然后灌入一些无氧气体后再予以密封。在这种严苛条件下生产的乳制品，根本不可能有活的苍蝇在里面。

由于这个事件关系到公司的商誉，这位工厂负责人不好立即揭穿那人的骗局，只是很有礼貌地请他到会客室，那位顾客边走还边破口大骂。

当这名顾客第三次提出抗议并要求赔偿时，负责人很有风度地为对方倒了杯水，然后慢条斯理地说：

“先生，看来真有你说的那么回事，这显然是我们的错误，你放心，你会得到合理的赔偿。由于这个问题事关重大,我们绝对不会忽视的。这样吧,你稍等一下,我马上命令关闭所有的机器,以查清错误的来源。因为我们公司有规定,哪一个生产环节出现失误就由哪个环节的负责人来负责,待我把那位失职的主管找出来,让他给你赔礼道歉。”

说完后,负责人一脸严肃地命令一位工程师:

“你马上去关闭所有的机器,虽然我们的生产流程中不应该会有这种失误,但这位先生既然发现了,我们就有义务给顾客一个满意的答复。”

那位顾客本来只是想用这个借口来诈骗一些钱,但他没有想到自己的话会引起如此严重的后果,顿时担心自己的花招被拆穿。那样一来他会被要求赔偿整个工厂因停工而造成的损失,即使他倾家荡产也赔不起。

于是他开始感到害怕,并且嗫嚅道:

“既然事情这么复杂,我想就算了,只是希望你们以后不要再发生类似的事情。”

就这样,他给自己找了一个理由想走。

那名负责人叫住他,诚恳地对他说:“感谢您的指教,为了表示我们的感激,以后您购买我们的食品均可享受八折优惠。”

这位顾客没想到会因此得到意外收获,从此他成为这家公司的义务宣传员,让更多的人购买这家公司的产品。

上述案例中,那位高明的工厂负责人不仅掌握了对方的心理,用“攻心”说话术揭穿对方的骗局,而且还反过来“绑架”那位顾客的想法,使他从此以后成为公司最有效的广告宣传员。他用的就是“顺水推舟”这个策略。

会议上,经常发生两派甚至三派互相争论的情况,有时候双方各执一词,争得面红耳赤,完全失去说话者应有的风度。

一些地方选举前的辩论演说,参加者本来都是修养甚佳的人,却因为各自的观点不同而争得不可开交,甚至最后偏离主题转为互相侮辱、谩骂,有时还出现大打出手,变成为反对而反对。

事实上,在这种情况下,如果懂得适时运用“知难而退”或“顺水推舟”的说话策略,不仅可以掌控局面,还可能有很多意想不到的收获。

如果你身为某次会议争论一方的成员，坚持要按照你们提出的方案办事,但另一方则坚持要由他们做主。眼看争论就要陷入僵局,此时你应该马上站出来说:“虽然我坚持要用我们的方案，但我发觉你们的方案也很有道理,我们也不是全盘否定。”

对方听到你这句似乎是肯定他们方案的话，可能也会放弃争论而谦虚地说:“老实讲,你们的想法也不错。”

这时,你就可趁机说:“既然这样,我们也没有必要争论,不如大家一起来制订新的方案。”

由于你已经采取主动,对方也无从反对,因此在新方案中你所掌控的主题和主导权会比对方多一些。

高明的谈判专家绝不会用头去撞墙壁，而是选择对自己阻力最小的说话策略：让对方发现他们自己的想法有错误，他们必然“知难而退”,你自然可“顺水推舟”攻进他们的“死穴”。

因此,别忘了,让敌人自己“知难而退”,是最省成本的。相对的,“顺水推舟”的阻力也是最小的。

第八课

从“《黑室前传》”

——学习如何不被情感蒙蔽眼睛

美国情报之父——亚瑟曾打算出版《黑室前传》一书，书的首页上，告诉我们不要受一些“小道具”的影响——迷人的微笑、承诺、花言巧语以及那些意味着你要被操纵和被利用的礼物。后来因为种种原因，书被禁止，但是他的这句话却流传了下来。

他说：“这些特征中的任何一个都有巨大的迷惑性，它是想分散你的注意力，让你看不清自己真正的想法。通过看清事实而不被迷惑，你一定能尽可能主观地分析整个形势。”

别让情感蒙蔽你的眼睛
——暂停这些感觉，往前看

当情感悄悄地走进你的思想时，你要暂停这些感觉，往前看，而不是听从自己的感觉。

这并不是要让你变得愤世嫉俗,而是提醒你任何人都有动机——有些是好的,而有些是坏的。如果不太熟悉的人对你很好,特别是当他自己的状态并不是特别好的时候,那就有可能想在你身上得到某种东西或是打算要操纵你。

1.盗窃感情的六大标志

情感状态有可能是自我导致的,可能是外部导致的,也可能是两者共同导致的。一些强烈的情感状态包括内疚、恐惧、自尊心的诉求、好奇心、期望被喜欢以及爱情。无论处在哪种状态,判断力都可能被削弱。更进一步地说,任何想利用这些状态的人都是想让你从理性变得感性,试图来操纵你。在这个过程中,你因为不能保持理性和有效的思考,从而无法辨别真相。下面是关于操纵信号的一般性举例:

内疚:"你怎么能这样说?你的不信任让我很难过,我甚至都不认识你了。"

恐惧:"你知道吗?你可能失去整个交易。我认为你的管理者会因为这个而非常不高兴。我希望你知道该如何去做。我告诉你,你在其他地方得不到这么好的优惠。如果你想到别处去,那你真是蠢到家了。"

自尊心的诉求:"我看你也是个明白人。我不会报复你,我知道你会立刻联系我的。"

好奇心:"人生只有一次。试一试,这可以给你留下不一样的回忆。这才是真正的冒险。"

期望被喜欢:"我们每个人都认为你是一个真正的演员,如果你不帮助我们的话,我们会很失望的。"

爱情:"如果你爱我,就不要质问我。我的心里只有你,我不会对你说谎的。"

……

客观地理解这些文字并找出自己的主要想法。

这些特征中的任何一种都有巨大的迷惑性，是想分散你的注意力，让你看不清自己真正的想法。看清事实而不被迷惑，你一定能尽可能客观地分析整个形势。

心理测试：你是感情用事的人吗

我们通常所说的感情用事，实际上就是指人的情绪化倾向，为人处事是热情激动还是理智冷静。两者应该说各有长处与不足，重要的是能否扬长避短。

本问卷有10道测试题，每题有A、B、C三个选项，请你仔细审读，弄清楚每一道题的意思，然后以最快的速度诚实作答，每题只选一项答案。

测试开始

1.你喜欢成为一名：

A.设计摩天大楼的建筑工程师

B.确定不了

C.著名的文科教授

2.你喜欢阅读：

A.自然科学书籍

B.不确定

C.哲理性书籍

3.你最倾心哪种行业：

A.音乐

B.不确定

C.机械工作

4.你乐意：

A.负责指挥几个人的工作

B.不确定

C.和同事合作

5.你偏爱观看：

A.军事、历史题材的电影

B.不确定

C.富有感情、充满幻想的言情片

6.你希望自己成为一个艺术家而不是工程师：

A.是的

B.不确定

C.不是的

7.你最爱听的音乐是：

A.欢快活泼的

B.不确定

C.感情沉郁富有激情的

8.你时常想入非非：

A.是的

B.介于A、C之间

C.不是的

9.对于那些文化素养高的人，如医生、教师等，即便他们犯了错误，侮辱他们也是不应该的：

A.是的

B.介于A、C之间

C.不是的

10.在各门功课中，你最偏爱：

A.语文

B.不确定

C.物理

计分标准

1、3、4、6、7题的A、B、C选项分别得0、1、2分；2、5、8、9、10题的A、B、C选项分别得2、1、0分。

测试结果

14~20分：你敏感，好感情用事，通常心太软，有点多愁善感；富有幻想，不切合实际，缺乏恒心，不喜欢粗鲁豪放的人。在团体中，常常由于不太切实的想法和行动而影响团体的工作效率，最好避免做事务性的工作。

10~13分：你一般都能较为理智和客观地处理生活中的一些事务，但偶尔仍然会有冲动、感情用事的时候，要学会控制自己的感情。

0~9分：你富有理智，注重现实，能以客观、独立的态度处理现实问题，但有时可能会表现得傲慢冷酷和缺乏弹性。

2.反“盗窃”的四大技术

这些操纵因素会削弱你理解事实的能力。这就需要我们运用一些技术。

●“他感觉如何？”

人们总是不断地挑战一些无关或是超出理解的事情，从中寻找新的、更高的目标。那就让一个人研究一件不同寻常、模棱两可的事情或是正在进行中的事情。如果他表示这是一个好机会，那么表明他很乐观；如果他说这件事是不可能实现的，那就表明他是悲观的。

约翰结束了一个关于新项目的秘密会议，他正在尽力提高他的项目在公司决策层中的支持率。他不能泄露会议中的任何细节，因此板着脸，避免让人知道公司在支持他的计划。如果你想知道一些信息，只要这样问：“你知道办公室里的表针总是在7:11就停了，然后会继续走吗？”

如果他这样回答：“没有什么事是一成不变的。”你就可以猜测他现在对自己的计划并没有很大的信心。如果他这样开玩笑地回答：“也许我们应该去大西洋赌城玩玩21点。"你就可以假设他对最近的会议持乐观态度。不管他说什么,无论他表现得多么淡定,总是不可避免地会出现漏洞,暴露出他当前的情况。

●出卖与被出卖

在美国国家安全局自然免不了要面对出卖和被出卖。

在生活中,我们也可以利用这个"弱点"来测试对方。但是,前提是——你不确定对方是不是真正的伙伴。

当你假装被出卖,用一种非胁迫性的方式来提出你的忧虑,在斥责他的不忠之后,这个人如果是你真正的伙伴,会表现得恼怒、伤心,至少会质问你。然而,如果他是一个破坏者,会期望改变话题,并在这简短的谈话后他的情绪会有巨大转变——变得积极、乐观。

这里面的秘诀不是在话题被讨论的时候判断他的情绪,而是当你开始一个新话题时,注意他是因为"成功出卖了你"而沾沾自喜,还是因为你怀疑他的忠诚而感到伤心。

这项技术最重要的部分就是,让他以为你对他所说的是毋庸置疑的——没有"如果、并且、但是"。

你认为一位同事在你背后搞阴谋诡计,你可以用一种非胁迫性的方式来提出你的忧虑。例如,你可以这样说:"我听说,主管把老杨的宣传活动排在我的活动之前了,这贬低了我对团队所作的贡献。"

此时,你可以完全忽视他的回答,只要微笑就可以了。然后,注意他是否会继续问你"为什么"或"怎么会",或是借吃午饭走开了。如果他是一个真正的伙伴,会直截了当地说出来,澄清误会;如果他是一个破坏者,就会试图尽可能快地结束谈话。

●"我能帮上什么忙吗"

这项技术建立在一个简单并且大家都已熟知的前提上:为了能够帮上忙,一个跟你共同合作的人会帮忙做一些有意义的事。但是,破坏者只是表面上假装帮助你,其实他的本意并不在此,他知道表面的配合会比公然地拒绝得到更多的好感。我们的目标就是要弄清你的"嫌疑人"只是表面配合,还是确切地想为你提供帮助。

为了实现这个目标，我们可以让他参与某个他认为不是必须遵守的测试——他可以为了自己的利益而随便表现。这就意味着,如果他是一个破坏者,就会试图避开这个测试。

比如,一个警察拘留了一个嫌疑犯。审问员通知嫌疑犯待会儿他将接受测谎试验。为了确保这个测试能够准确，他必须保持尽可能地放松。否则,这个测试就无效。

这个过程背后隐藏的是心理学因素。这个嫌疑犯相信"这个测试的正确性依赖于他的合作水平",因此,如果他尽自己的能力去合作——在这个情况下,他要做的就是保持镇静——那么,他就是清白的。然而,如果他想破坏这个测试的效果,他不会合作。

让我们来看看审问员是怎么说的。审问员让嫌疑犯坐下,然后说："我想我们应该尽快把事情弄清楚。我会对你进行一种新型测试,只需要几分钟的时间。为了这个测试能够正常运作,你必须保持尽可能地镇定和放松。否则,它就失效了。如果你在下面几分钟内深呼吸并待在原地,我们就可以得出准确的数据。如果你动来动去或是到处走动,这个测试也是无效的。"

接着这个审问员突然被叫了出去，同时通过单面透明的玻璃可以观察到嫌疑犯的一举一动。

对于一个心虚的人来说,这个"突发时机"对他是宣告测试无效的大好时机,他是不会错过的。如果嫌疑犯始终坐着并保持镇静,说明他期望这个测试运作正常,以此来证明自己的清白。然而,如果他走来走去,不停地晃动等,他可能就是有罪的。

记住,心虚的人会想方设法地避免准确的测试,而清白的人则是期望测试尽可能地准确。通过确定嫌疑犯的真实合作水平——他是否保持镇定——可以快速地确定他是否有罪。

●"自由地交流"

一个想帮助你的人总是希望可以跟你准确地交流信息。当"他知道你知道的，你知道他知道的"的时候，他才能最大限度地服务于你。然而，当他不关心你是否掌握所有事实或是独自保留一些信息时，就可以确定，他并不是全心全意地想帮你，也有可能是想陷害你。

一位同事告诉你，她会帮你准备和客户的见面。你不确定她的动机是什么，因此可以用她知道是错误的信息做"饵"来对她进行测试，看她是否会更正你。

你可以这样说："南希，客户希望有一个庄重又不缺乏幽默的活动。去年他们就很喜欢我们搞的活动，因此，我想我们应该沿用相同的路线。"

真相是，客户们并不满意先前的活动，并且南希是知道的。

如果她不说出来的话，她就是不拥护你，可能是想陷害你。

因此，下一次想确定某人到底是哪一种人时，就在交谈中提出一个错误假设(他明知这个假设是错误的，而且对你是有害的)，然后观察他是否会更正你。

他是敌人还是朋友
——NSA攻心技术应用

1.诚实——"有些人做了某种特殊的事"

如果想知道某人是否是好朋友、骗子或是在利用你，那就利用下面这个方法看他是否忠心。

故事

销售主任老李怀疑店员小米偷公司的办公用品。如果直截了当地问："你是不是偷公司的东西了？"小米立即就会产生戒心，要想从她嘴里得知真相就难了。如果她确实没偷，她当然不会承认。但是，如果她偷了，在这种情形下，她也可能会撒谎。

显然，这种方法是行不通的。这位主任应该说得隐蔽些："小米，我发现咱们营业部里有人把办公用品偷偷带回家，你有什么方法能制止这种行为吗？"

分析

人们好像总是在"提防"着什么，总好像背后有一双眼睛在盯着自己，在"琢磨"着自己。因此，说话总会留一半，另一半就是给自己留下的"退路"。

这种保护自己的心态，再正常不过。其实，人们早就厌倦了这种"疑神疑鬼"的生活。大家都在呼唤"诚实"，但是，谁都不愿意率先付出"诚实"，这就是很多人觉得社会太复杂，自己活得很累的原因。因此在社会上，那些诚实守信的人往往大受欢迎，人们明明知道这样做是件好事，但是却很难做到。因为已经形成习惯了，只要与别人打交道，脑海里首先反应过来的是"提防"二字，有了这两个字在作怪，行动要体现出诚信就很难了。

诚实就是实事求是，实事求是是唯物论的行为；相反，不诚实的行为，就是唯心论的行为。

如上销售主任怀疑店员偷公司的办公用品，我们来看看她的反应。

如果她向主任提出问题，并表现出对这件事情感兴趣，那基本就可以确定她没有偷过；但是，如果她表现出不安并想转移话题，那就表明她心里有"鬼"。

主任可以密切关注她行为举止的变化——

如果她是清白的，有可能会提出建议，也会因为征求她的意见而感到高兴。

如果她确实偷了，可能会马上变得焦躁不安，并且有可能急于向主任表示她从来不会做偷盗之事。这不正是此地无银三百两嘛。

应用

当你怀疑他/她正在做某种特殊的事时，告诉他/她："有些人做了某种特殊的事。”然后，判断他/她的反应。

让我们来看看这种方法是否奏效：

●一位女士觉得自己的约会对象有些怪，心里盘算着：他是不是沾染上了毒品或是吃了什么处方药。为了寻求真相，她可以这样说：“这个世界真有趣，有些人吸毒，竟然还以为别人都不知道。”她也可以这样说：“我刚读了一篇文章，里面说33%的成年人曾经吸过毒。”

她间接地提出了这个话题，只要留心注意他的反应，就能够判断他是否偷偷接触过毒品了。如果没有吸食毒品，他就会顺其自然地跟她聊起这个话题，但是，当他试图要改变话题时，那也就表明他心虚了。

●一个医院的管理人员怀疑医生在值班的时候喝酒。她可以这样说：“医生，有件事我想咨询一下你的意见。我有一个大学同学，在另一家医院工作，她怀疑医院里有一名医生在上班的时候喝酒，对此很反感。她该怎么处理这个问题呢？”

如果医生变得局促不安，那就说明他的确是在值班期间喝酒了；如果他很乐于给管理人提供建议，并因为管理人的信任而感到高兴，那他就是清白的。

●警察在审嫌疑犯的时候，给他陈述了整个犯罪经过：“你用枪把银行收纳员打死后，开着一辆挂着加利福尼亚州车牌的绿色汽车逃走。在路上，你不小心撞到了另一辆车上（错误信息），然后你打开车门，翻过一道栅栏逃跑了。”

如果他知道整件事情的发生经过，一定会提出这个错误细节：“撞到另一辆车上？不可能，我没有撞车！”本来以为可以“证明”自己是清白的，反而却把自己是罪犯的事实暴露得一览无遗。

2.自信——识别自信强弱的真正秘密

我们要仔细分析一个自信的人到底具备哪些特征，这样才能判断一个人是否真的胜券在握。根据特定的场景，我们可以依据一个或是更多的标志、信号以及技术来进行分辨。

故事

有一个单身男人走进一个酒吧，他渴望在这里有一场艳遇。他一进酒吧，就把焦点放到了美女身上，在他的眼里，只有美女，连酒都不是必须的选择。

这时，也有一个单身男人走进酒吧，但他低着头，迅速找了一个角落上的位置坐了下来。即便酒保问他需要些什么，他也回答得拘谨和机械，显得惶恐不安。

分析

能显示一个人自信强弱的真正秘密不是观察，而是要过滤那些虚假信号——假装自信。

我们知道的自信标志通常有：微笑、眼神交流等。

应用

困难地吞咽——当一个人没有自信的时候，吞咽会变得困难起来。

电视剧或是电影演员为了表现出恐惧和伤心时的感情，经常采用"噎着"的表情。

清喉咙这个动作也是紧张的一种表现，因为紧张会使喉咙处产生黏液。如果一个人要在公共场合演讲，就可能在演讲前清一下喉咙，以缓解紧张。

眨眼睛的人——当人们感到紧张时，会增加眨眼睛的频率。

在1996年10月21日的《新闻周刊》上，波士顿学院神经心理学教授乔·泰克根据总统预选中鲍勃·多尔和比尔·克林顿的辩论指出：电视上一个人的眨眼频率是31~50次/分钟。多尔平均眨眼睛的次数是147次/

分钟，相当于3次/秒。当被问及社会生活水平是否比4年前有所提高时，他眨眼的频率达到了163次/分钟。克林顿的眨眼频率平均为99次/分钟，当被盘问青少年吸毒人数在增加时，最高频率为117次/分钟。

泰克教授还指出："2000年前的5次美国大选中，竞选失败的候选人眨眼睛的频率总是很高的。"

动作看起来会很别扭——他会留意自己说的每一句话和做的每一件事。

像手的摆放位置和坐姿这些无意识行为，也会引起他的高度重视。因此，他的动作看起来会很别扭。

在一次会见、约会或是商谈中，胜券在握的那个人可能不会把注意力放在手或是某个对象身上。而没有把握的那个人却因为不自信，注意力可能会分散到自己的肢体动作上。

如果在和一个同事闲聊时，发现当她伸手将饮料靠近嘴唇时，眼睛总是看着自己的手。这说明，她可能很紧张或是不自信。

判断一个人是否自信是很容易的，只需要观察这个人是不是把注意力集中到自身及其动作上就够了。换句话说，一个人自信心的强弱决定了他注意力的方向。一个人缺乏自信心就会保持自我意识，因此，不仅他的举止变得拘谨、机械化，而且还会特别注意自己给别人留下的印象。

一定设法让别人理解你——当一个人对自己的表达很有信心时，他更关心的是你是否理解，而不是你对他的想法。

当你想表达某种想法时，一定会设法让别人理解你；但是如果你缺乏信心，就会更关注自己的声音以及表现，会注意到每一个字及每一个动作。

3.兴趣——好奇心是这样害死猫的

判断一个人是否是朋友的一个重要标准，是看这个人对你生活的感兴趣程度。

故事

一位销售代理商想判断客户的想法。客户看上去对产品很感兴趣，但是很多人都会如此,因此这个代理商想进一步确认。首先他需要转换视角,然后观察客户的兴趣水平是上升还是下降。他可以这样问:“史密斯(Smith)先生,你应该知道融资比其他大多数投资有更多的限制性。”然后观察客户的反应,如果他看上去漠不关心,就明显地表明他对自己的偿还贷款能力是没有信心的。但是,如果他变得烦恼,他可能有兴趣，并在对自己的偿还能力有足够的信心。如果这时代理商还是没有观察到客户的举止有任何变化,那么,有可能是因为客户愿意接受任何条款或是对于这次成交没有一点儿信心。

此时,就要进行最后一次试探,代理商告诉客户可以尝试利用无首期贷款来购买。如果客户开始问各种问题并变得欣喜若狂、激动不已或是更活跃了,代理商就可以猜到,对于这个客户来说,购买已经成为了一种现实。

分析

我们对某事或某人越感兴趣,就越会消耗我们的精力,我们的视角变窄了，注意力也会变得高度集中。我们会依据自信心来测定兴趣水平,反之亦然。

例如,某个人有几个工作机会,他可能就会很耐心地、客观地去了解并评估每一个机会。然而,如果一个人在两年内都无所事事,忽然天上掉馅饼,得到了一个面试的机会。这时,他的观点就会完全不同了。他会反复地回想这个面试，细细地分析每一个细节，唯恐会失去这个机会。因此,当一个人的选择受限制时,他就会表现得心神不安。

只要能跟某人交谈并观察，就可以让你对这个人的兴趣程度有一个详细的了解。

第一步:初步观察

如果在这一步骤中,一个人表现得自信,可以得出:

他很高兴得到这些机会,并期望能有一个好的结果。

他并不感兴趣。他之所以表现得自信,是因为他并不关心这些事情发展的好坏,而不是因为他确信自己可以成功。

当然,如果在初步观察中,他看起来缺乏信心,我们就能得知他有浓厚的兴趣。

第二步:现实转换

如果想知道一个人是否对某人或某事感兴趣，就减少他获得的可能性。如果他的自信心水平降低,他的兴趣水平就会升高。如果他的自信心水平保持不变,那就表明他不太感兴趣。

第三步:观察反应

一旦进入这个步骤，只需寻找自信心水平降低和情绪变化的迹象。一个人想得到某种东西却害怕无法得到时,会进入一种狭窄的意识状态。除了那些明显的表现,下面分别列出的是低自信和情绪低落的迹象。

自信心下降的迹象:无法集中精神、紧张或是不自在地走动、摆姿势。

情绪低落的迹象:愤怒、粗鲁、容易受挫、恼怒、发呆、轻率或是缺少同情心。

第四步:不受限制的

在什么情况下,一个人可能有很大的兴趣?在机会减少的情况下,他并没有表现出关心的迹象?答案就是:当这个人认为自己不可能有机会时。

应用

瞳孔韵律学——通过瞳孔的大小可以有效地判断一个人的兴趣。

见过做白日梦的人眼睛放空吗?他们经常把头歪向右边,而眼睛却朝向左上方。我们来看看基本解述:

当一个人抬起头时,说明他正在接收或是回想视觉信息。如果一个右撇子把头转向右上方,就表明他正在回忆往事(对左撇子而言,是相反的)。如果一个人朝左上方看,(你猜对了)他正在建立一个视觉图像。

总的来说,大部分右撇子眼球朝上时,代表构造和记忆视觉图像;眼球在水平方向时,代表构造和记忆听觉;眼球朝下时,代表自言自语和知觉;眼球朝右时,代表构造数据;眼球朝左时,代表回忆。你要做的第一件事就是确定你的目标是右撇子还是左撇子。

你可以问他第一辆车是什么颜色,根据他的表现来探测他的真实想法。例如,你问你的员工为什么迟到,她回答:“在我正前方发生了一场恶性车祸。”然后你可以这样问:“那辆车是什么颜色的?”如果她是在构造图像而不是回忆图像,你就可以知道她是在说谎了。

当一个人是有兴趣的或是觉醒的,瞳孔就会放大,让更多的光线进入,以便于“看得更清楚”,收集到更多的信息。当一个人没有兴趣,瞳孔就会收缩。这个方法太简单了,你可能以为它不切实际,但是如果集中注意力,只要用肉眼就可以注意到这些变化。

事实上,一些市场调查公司都会安装隐形摄像机来检测瞳孔大小,以便于确定购买者在看到不同商品和包装时的反应。这种广告调查方法被称作“瞳孔韵律学”,研究的是观察者的瞳孔大小与视觉刺激物的兴趣因素之间的关系。

此外,当一个人对某物很感兴趣时,会发现他会睁大眼睛,可能同时嘴也会张开,就像一个小孩子看到玩具后非常高兴,想把玩具抱到怀里。

一个艺术参展商把几件藏品展示给一位鉴定人,他注意到:鉴定人的目光停留在其中一件藏品上的时间比其他的藏品长。此外,监视器录像带的放大图表明,鉴定人的眼睛睁得很大,而且瞳孔显而易见地放大了。据鉴定者本人所说,跟其他藏品比起来,他对这件藏品的兴趣最大。

当一个人有浓厚的兴趣时,可能会试图表现出没有兴趣,但是,他会一直把注意力放在感兴趣的对象上。他总是寻求即时的回馈。这是可以理解的，他可能不喜欢他的工作，甚至对它有些恐惧，但是，我们可以说，他对自己的成果很感兴趣。

例如，一个害怕蛇的人可能在看到爬行动物的时候就会变得惊惶失措，但是，他的注意力依然会集中在蛇身上。一个被刀伤过的人眼睛会一直盯着刀子，因为他想确切地知道刀子始终在原地。不难理解的是，如果一个成年人遇到挥舞着玩具刀的5岁小孩子，他的专注程度就会完全不同。只有当对一个对象产生很浓厚的兴趣时，他才会集中注意力，因为他需要即时的反馈。

一个玩牌的人下的注比往常更大，然后等待对手下同样的注、提高注或是放弃下注。如果这个人只是在装腔作势，自信心就会变弱，更加关注另一个人会怎么做。如果他是一个新手，他会持续盯着自己的牌，或是一直注意对方的手，然后，根据自己的技术水平作出判断。他寻找即时的回馈，而对方的手可能会提示一些信息，告诉他下一步该如何做——加注还是放弃。如果他的牌确实很好，不太可能输的话，他可能会随意地扫视一下对手和房间里其他人的脸。

矛盾性——我们不能只注意到一个人的身体姿势，而是应该将其与他的言语结合起来考虑。

一些明显的不一致——比如，当说“是”的时候却不断地摇头——虽说比较隐晦，但同样也可以泄露出某人的一些真实想法。

当你遇到有双重含义的信息时，要记住——感情的展现远远超过了语言的描述。

任何时候，一个姿势、一个面部表情或是一句不自然的话，都可以让你确定他是否言不由衷。

如果一个人向他女朋友表达爱意时，一直皱着眉头或是紧握拳头，他可能并不是非常爱她。或是，修理汽车的工人向你淡淡地一笑，告诉你非常抱歉，因为他把零件给定错了。这时，我们可以猜测他并不是内疚或是零件并没有定错，又或者两者都有。

我们经常会碰到双重含义的信息，下面的标志可以判断出接收到的信息并不是真的：

姿势和语言之间的时机不配合。

头部机械地摆动。

姿势和语言不一致。

连续用一个姿势。

好奇心泄露了秘密——基本的前提是：对某事或某人感兴趣的人比起不感兴趣的人来说,会想得到更多的信息。

应用这个技术,我们应先吊起他的胃口。如果他想深入地了解,那就可以说,他至少是有那么一点儿兴趣的。如果他并不感到好奇,那他就是不感兴趣。

这其中的秘密就是吸引出一个人无聊的好奇心，因为他为了满足自己对某种事物的兴趣,总是会做些什么。在很多方面可以利用这项技术的心理要素。

我们来看看这个例子，如果你想知道你的老朋友是否对你的归来感兴趣,你可以给她发一个空白邮件。如果她对你感兴趣,对你要写的内容也会感兴趣(或是你“忘记”附上的文件),并会发电邮给你。如果对你不感兴趣,她可能会完全忽视它。

你也可以利用这项技术来掌握如何激励某人做某事。你需要利用一个诱因来刺激他;他投入的精力越多,说明他的兴趣越大。

在一家小公司里，丹丹想知道一位同事是否有兴趣转到另一个部门。她觉得不应该直接去问,而应该这样说:“小张,我听说财务部门在招收新人。”当然,小张可能为了满足自己无聊的好奇心,会进一步打听薪水、工作时间等。如果真的感兴趣的话,他不得不自己花费时间和精力去获取更多的信息。

因此,她继续说:“我听说他们想要一个效率高的,并能为了完成工作宁愿加班的人。”

现在,只要注意他是否会像往常一样下班走人,还是会在公司停留一段时间就能明白他的真实想法了。

4.具备下面几个原则,你交的就是益友

最后,必须要说的是,在生活和工作的圈子里,是是非非几乎每天都会发生。可能你是个很有正义感的人,忍不住要挺身而出“匡扶正义”;也可能你是个外向型的人,眼里看不过的事嘴上就要说出来……

不管你是什么样的人,奉劝一句,是非不要轻招惹,是非背后麻烦多。

张三和李四平日是颇为要好的同事,最近竟然分别在你跟前数落对方的不是,然而两人表面上依然友好。所以,你生怕两面皆讲好话,会被认为是两头蛇。除了这点,你更该小心,因为另一个可能性是:他们是否在对你试探点儿什么?

先讲前一种可能。有些人心胸狭窄,十分小气,又善妒,所以因为某些问题令两人产生心病,是不足为奇的。但表面上又不愿意翻脸,故向较亲近者倾诉心中不快,是再自然不过之事。

你这个“夹心人”并不难做,同样冷淡地对待两人是妙法。对方发现没有人同情,必然满不是味儿,定会另找“有爱心之人”,那么你就自动“脱身”了。

若发现两人是另有用意,旨在试探你对他俩的喜恶程度,你就该步步为营了。既然对方的动机不纯,你亦不必过分慈悲,不妨还以颜色,分别跟他们说:“对不起,我的看法对你们并不重要呀!”他们必然无功而退。

有人请你做公事上的“和事佬”,有不少应留意的要点。

你的上司之间有太多的微妙关系存在,大部分是亦敌亦友的。无论私交如何要好,既然是在竞争之下,他们就总是有数不完的斗争。今天,某甲跟某乙像最佳拍档,在办公室成了“铁哥们儿”,但很有可能几天后两人就反目变成仇人了。

所以,某些人可能为了某些目标,希望化干戈为玉帛,以方便日后

做事。但亲自出面又太唐突,于是便找来“和事佬”。本来使人家化敌为友是一件好事,但做好事之余,请做些保护自己的工作,亦即给自己的行动定一个界线。

假如有人请你做“和事佬”,不妨只做饭局的陪客,或作为某些聚会的发起人,但不宜将责任往头上揽,反客为主。你最好是对双方的对与错均不予置评,更不宜为某人去作解释,告诉他俩“解铃还需系铃人”,你的义务到此为止。

对上司不满、对公司不满,永远大有人在。遇上有同事来诉苦,大指某人有意刁难他,或公司某方面对他不公平,应该做到既关心同事的利益,又置身事外。

再如,同事与某人有隙,指出对方凡事针对他,甚至误导他。你或许会很有耐性地听他吐苦水,听他细说端详,但奉劝你只听,不问。尤其是切莫直问事件的前因后果,因为你一旦成了知情者,就被认定是当然的“判官”了,这就大为不妙了。

你只需平心静气开导他:“我看某人的心地不差,凡事往好处想,做起事来你会更开心的。”

要是对公司不满,你的立场就比较复杂:站在公司的立场上是应该的,但站到同事那边虽是有害无益,可是,人家来找你,保持缄默实在不礼貌。不妨这样告诉他:“公司的制度不断改进,这次你觉得不公平,或许是新政策的过渡期,你不妨跟上司开诚布公谈一下,但犯不着坚持己见。”轻轻带过才是上策。

一位向来忠心、已服务公司多年的同事,突然告辞,惹得众说纷纭。不少同事还千方百计去细问当事人,誓要找出真相。

其实,知道了真相,对你有好处吗?肯定没有,坏处倒有一大堆。例如,你或许会无端卷入人事漩涡,晓得行政层的秘密对你的工作态度多少有些影响。还有,你更有可能被列为“某类分子”。

所以,过去的即将过去,不必去追究了;除非这同事向来与你颇投契,自动向你诉衷情,但你亦只宜做个聆听者,万万不要做“播音筒”。

你应该做的是送上诚意的祝福，赠对方一件纪念品，当作纪念你俩的情谊吧！又或者，请对方吃一顿饭，当作饯别。

至于其他同事的行动，大可不必理会，也不必加以批评，这叫做独善其身。

你本来就非好管闲事之辈，却偏偏遇上一个爱诉苦的同事，叫你感到烦不胜烦。

遇上这种“烦人”，既妨碍工作，又没有好处。所以，必须想办法杜绝。

你可以借口较忙。遇上对方单独邀约午膳、下午茶等，一概以“忙得不能抽身”为理由推却。凡想诉苦之人，情绪冲动，你一拖再拖，他肯定没有耐性再等下去，这样，不是可以溜之大吉了吗？

装傻。一个善解人意的人，永远会是一个好听众。但是如果你凡事听不明白，频频反问对方，又没有好主意，对方等于对牛弹琴，你认为他有什么感受呢？

又或者你显得心不在焉，漠不关心，牛头不对马嘴，对方也一定会无趣而退，另寻可分担苦恼的人，于是，你就脱离苦海了。

在公事繁忙的圈子里，许多不妙情况是无可避免的。例如在一些商务午餐或晚宴上，许多时候就有以下情况发生：甲与乙有心病，见了面互不理睬，但两人与你皆有一定的交情，必然会上前跟你交谈、互道近况的。如果在同一时间，两人分别朝你走过来，怎样好呢？

比较理想的做法是，装作看不到两人，低下头去拿杯饮品，或整理衣衫，看谁先走到面前，就跟谁说“你好”。既然两人不和，乙若见到甲正跟你打招呼，自然会却步不前，那就能够避免二人与你一起的情形出现了。

好了，当与这个人寒暄完毕，说过“拜拜”之后，请尽快主动找乙，忘记刚才跟甲有关的一切，只与乙尽情闲聊。

更糟的情况是，你发现给你安排的座位，刚好是夹在甲与乙中间。遇到这种情形，你怎样做？最好先发制人，去找主办者，随便说一个理由，请他替你调一个座位。总之，置身事外为妙。

最近，你发现自己处于十分尴尬的局面：两个同事因私事交恶，互不理睬。而你就成了“两边人”,成为两人争着拉拢的对象。

你本来深明公私分明之理,问题是两位同事混淆不清,致使你有点儿不知如何是好。中庸之法是,让一切保持常态,就当作什么事也没有发生过吧。更清楚一点儿来说,进行任务时,心里切莫以“这两人不会合拍,由我去做吧”为本,硬要自己做些不在行的事,结果费力不讨好。事情本来应由谁去负责,就让谁去执行吧,以免吃力不讨好,甚至白白惹祸上身。

即使有人不愿意,请提醒他:“这任务一向是你的工作范围,仍由你去处理,效果一定更理想。”

要是对方索性请你代劳,怎么办?不妨表明立场:“我的职责不在此,恐怕对你有害无益,帮帮忙我是愿意的,但重要决策还是由你决定吧!”

左右做人难是个常见的问题。

应付这个问题有两个办法。

第一尽可能避免陷入需要左右做人的环境。

第二个办法是设法避免。要避免左右做人,第一戒是要避开介入任何冲突的可能性;第二戒是要避免采取立场;第三戒是切忌选择可能陷入冲突的斗争地位;第四戒是切忌做任何事的公证人;第五戒是即使已陷入左右做人之局,也要想办法使出“缓兵之计”,以图脱身。

TIPS:择友处世的方法

一个人可以没有财产,但绝不可以没有朋友。拥有许多朋友的人,具有比别人更大的优势和别人无法比拟的更多机会。当一个人的事业处于低潮或上升阶段时,朋友就显得更为重要了。许多人以为自己交际很广,拥有很多朋友,但当真正需要朋友时却发现并非如此,因为他们根本不懂得择友处世的方法。

一、让朋友胜过你

朋友间，当有人高谈自己的光荣历史时，我们会脱口而出："那有什么了不起！我的过去比你更值得吹嘘呢。"就因为这样，我们失去了许多朋友。

法国哲学家罗修夫曾说："若想树立一个敌人，只需打败你的朋友就可以了。若要结交一位挚友，就要让对方胜过你。"西德有句俗话，也有相同的意义："没有任何一件事比看到别人失败更能让自己感到高兴的了。"

的确，在我们的朋友中，就有这种人，他们兴高采烈地看着我们失败。

如果自己成功了，要注意尽可能只告诉自己最亲密的朋友，这样就可保持成功。

为了赢得一个好朋友，请让朋友胜过你。那些愈夸大自己成就的人，就愈没有成就。我们应该尽量心存谦虚之情，切勿自我标榜。有时，为了让朋友更出色，还可以采用出让功劳的办法。

晋朝王导为宰相，有一个叛贼，他不去讨伐，陶侃责备他，他复信说："我遵养时晦，以待足下。"陶侃看了这封信笑说："他无非是'遵养时贼'罢了。"王导"遵养时贼"以待陶侃，即留下现成的功劳准备让于人。

二、多为朋友着想

1.多为朋友着想，多体谅对方的难处。友谊不会自己生长，需要悉心培养。

2.倾听朋友的述说。人人都渴望得到别人的理解，倾听朋友的述说，就是表示理解的最佳方式。

3.关键时刻要克制。情绪冲动或发怒时说的话，对友谊的破坏性最大，所以在脾气将要爆发时，最好从朋友处离开。

4.自己的坏情绪不要影响朋友。如果强求别人顺应你的恶劣情绪，谁也不会靠近你。

5.经常表示对朋友的关切。见面说几句话，寄一张生日卡片，打个问候电话都表示你时时关心着朋友，这是给朋友最好的礼物。

三、结识新朋友

“万事开头难”，在彼此事先相约或相知的过程中，人们通常是用约定俗成的一些寒暄语，如致问候、互表敬慕来开头，以缓解初次见面的拘谨。但是在不知、无约、又无人介绍的场合下，就需要试探人首先观察环境，寻求与被试探人对环境的共同感觉，然后确定第一句话，如排队买票时，可说“怎么搞的，这么慢。”等等，尽力找准共同感觉。

用求助的方式来结交朋友是最有效的。如在餐厅同一张餐桌上，适时地说：“对不起，请你帮我照看一下位置，我去去就来。”当然求助式探问，要掌握求助的内容是对方轻而易举可做到的。求助后应表示感谢。

扩展是结识双方能否由陌生走向熟悉的关键。要以愉快、轻松、随意的方式与对方交谈，一般是以询问开头。比如：“你买去哪儿的票？”“来这儿旅游吗？”询问的目的是为了发现与对方的共同点，这样就可以继续带出一些双方都感兴趣的话题。比如：“你要去的地方我已经去过多次，非常熟悉。”“我真羡慕你，我要是也能到处转转该多好啊。”

当与新识者握手告别时，可以打开备忘录请对方写下自己的住处，你也可以把自己的电话号码告诉对方。

除此之外，在社交场合遇到陌生人时，还可以通过下列办法结识新朋友：

1.坦白说出自己的感受。坦白地说“我很害羞”或“我在这里谁也不认识”，比拘谨、冷漠好得多。

2.从周围环境中找到与人交谈的话题。

3.善意地以对方为话题，比如：“你的帽子很别致。”

4.提出问题，许多难忘的谈话都是从一个问题开始的。

5.留心倾听，不倾听也就不能真正地交谈。

6.谈当时的情况或活动。例如在商场里，可以说：“今天又不是节假日，人也这么多！”在电影院里，可以说：“我听说这位明星有可能得到今年的奥斯卡奖提名。”

7.奉上几句赞美之言。例如在洗衣店,可以说:“你的这件衣服真漂亮!”

8.对对方正在做的事表示兴趣。例如在火车或飞机上,邻座正在看书,可以说:“我听朋友说起过这本书,到底怎么样?”

9.给对方一点儿东西。例如在火车或飞机上,可把报纸、杂志借给邻座,或请对方分享食品。在聚会的场合,只要肯为不认识的人带杯饮料,你们很快就会聊上了。

10.告诉别人自己的情绪。例如在等着拔牙齿时,可以跟邻座说:“我很紧张,你呢?”

11.主动打招呼,并介绍自己。例如可以说:“我是从地方来的,现在跟您同行。”或者“我刚搬来,跟您做邻居。”这种坦率热情的态度无论在哪里都很管用。

四、不忘老朋友

有句名言说:结新知,不如敦旧好。在日常生活中,与其施恩于人,而获得他人的好感,不如依正道而行,以获得舆论的推崇;与其另外结交新朋友,不如珍惜原有的友谊。结交新的朋友并非不好,只是不能喜新厌旧!何况,轻易背弃朋友的人,也难免会有被抛弃的一天!

五、不要居高临下交朋友

与自尊心很强的人交朋友时,不要让对方觉得你比他有作为。

1.若想指正对方,必须不让对方察觉才可以。同时要使任何人都察觉不出你在指正对方的错误。

2.不要使人觉得为教导对方而去教导对方。对于他所不了解的,就说那是他忘记了,这是指正对方错误的秘诀。

3.著名的英国政治家和作家柴斯特菲尔德爵士,曾在写给他儿子的箴言中,写下如下一节:“可能的话,你要成为比别人更贤明有用之人,但决不可让别人察觉到你比他有作为。”

4.想要赢得好人缘就不要正面指正别人的错误。

六、不计较朋友间的差距

1.再富有的人也有伤心的时候,有钱亦有失意时,纵使拥有巨大的财富,也不可能完全无忧无虑。如果比别人赚的多,那么就不该在穷人面前抱怨什么,至少你拥有比较多的财富。

2.朋友之间相处,如果收入相差悬殊,应尽量让收入不同的影响减轻到最低。必须诚实面对自己的腰包,衡量什么是自己负担得起、什么是不该参与的,不必掩饰自己手头拮据的情形。参加朋友间的活动需量力而为,即使活动本身相当具吸引力,也别告贷参加,否则只会让友谊变质。

3.与朋友相处,如果听到别人不断地炫耀财富,不免心生反感。同样地,朋友也不希望常听到你哭穷,所以无须与别人讨论你的钱财多少,因为友谊是相濡以沫的,不会因你的财富多寡而有等级之别。

七、好朋友要多关照

1.手到、脚到、口到,是建立人际关系的基本。手到是指写信、寄卡片;脚到是指拜访及出席聚会;口到则是指打电话问候之类。此“三到”在人际关系的建立上是不可缺的。

2.太过度的呵护亲切,反而会令人厌烦受不了。与其过度亲切,倒不如不去对别人亲切,让他们落个轻松。

3.从长远来看,人与人之间能有长期的交往,是由于彼此之间取得了施与受的平衡。这也是中外古今不变的法则。所以,如果不能给他人一些有用的东西,是无法得到平衡的。自己有的专业知识、信息或专长,便能以此为根本,来交换得到其他不同的知识。

4.不要有追求名利的心。不以求利为前提而去做任何事,应会得到良好的人缘;相反的,汲汲于名利的追求者,是容易丧失人心的。

5.人与人之间的相处,就如同一个人的左右手,能够彼此帮助,在彼此帮忙之际,更别忘了要回谢而不求回报。如果大家都有这种体会,那么结交朋友就不再会是件苦差事了。

6.不经思索地说出心中好恶,在人际关系的维持与运用中是一大禁忌。应该尽可能不去看对方的缺点,而往好的方面去想。

7.严守秘密是得到信任的第一步。由信息仓库得到的资料，千万不可以泄漏出去。泄漏秘密而失掉朋友，是在所难免的事情。

8.很少有人会想利用别人来获取自己的利益，但为了自己的生意而去结交某人，却是很常见的。在知道对方从事的工作对自己有益，而想做进一步的交往时，要静待自然机会的来临，千万不可唐突。

9.要注意不去勉强他人。若是勉强别人做事，会造成对方的困扰，往后的继续交往，将会是件难事。在彼此互相体谅的前提之下所做的商谈，才能够完美顺利地进行。因此，一定要顺其自然地结交朋友，才能维持良好的人际关系。